전도서로
여는 아침

이찬구 목사의 새벽 묵상 2

전도서로
여는 아침

지은이 | 이찬구
펴낸이 | 원성삼
책임편집 | 김지혜
본문 및 표지디자인 | 한영애
펴낸곳 | 예영커뮤니케이션
초판 1쇄 발행 | 2019년 11월 18일
등록일 | 1992년 3월 1일 제2-1349호
주소 | 04018 서울시 마포구 동교로 55 2층(망원동, 남양빌딩)
전화 | (02)766-8931
팩스 | (02)766-8934
홈페이지 | www.jeyoung.com
ISBN 978-89-8350-987-1 (세트)
      979-11-89887-14-8 (04230)

값 9,800원

이 도서의 국립중앙도서관 출판예정도서목록(CIP)은 서지정보유통지원시스템 홈페
이지(http://seoji.nl.go.kr)와 국가자료공동목록시스템(http://www.nl.go.kr/
kolisnet)에서 이용하실 수 있습니다.(CIP제어번호: CIP2019045412)

모든 인간은 하나님의 형상을 닮은 존귀한 존재입니다. 사람은 인종, 민족, 피
부색, 문화, 언어에 관계없이 모두 다 존귀합니다. 예영커뮤니케이션은 이러
한 정신에 근거해 모든 인간이 존귀한 삶을 사는 데 필요한 지식과 문화를 예수 그리스
도의 사랑으로 보급함으로써 우리가 속한 사회에 기여하고자 합니다.

이찬구 목사의 새벽 묵상 2

전도서로 여는 아침

이찬구 지음

예영

이 책의 활용법 • • •

1. 이 책은 한 번에 전체를 다 읽는 책이 아니라 매일 묵상하는 책입니다.
2. 55일을 작정하고 하루에 한 편씩 순서대로 묵상하는 것을 권합니다.
3. 묵상한 내용을 삶 속에서 실천하고 소그룹에서 함께 나눔으로 다양한 경험을
   간접적으로 나눌 수 있습니다.

2013년 여름, 목사님을 처음 만났습니다. 서울 광림교회 사역을 잠시 멈추고, 영국 런던의 웨슬리교회(Wesley's Chapel)로 인턴십을 하러 가는 길이었습니다. 장기 해외체류를 처음 예정하시는 탓에 상기된 모습이었고 다소 흥분도 엿보였습니다. 이듬해 재회했을 때는 야곱보다 더 흥미로운 경험을 간증으로 쏟아 내셨습니다. 주님의 뜻에 민감하고 세밀한 성향을 알 수 있었습니다.

최근 대한민국은 매우 혼란스러웠습니다. 그리스도인으로서 더욱더 그러했습니다. 한 정부 관료의 임명으로 촉발되어 우리나라 여론은 양분되었고 서울 광화문에서 그리고 서초동에서 각자의 주장에 거침없었습니다. 그리고 그 한 가운데에 그리스도인도 있었습니다. 최근의 논쟁을 보며 마음이 편치 않았습니다. 다음 논쟁거리에서 "나는 주님의 뜻 안에서 바르게 판단할 수 있을까?" 염려됩니다. 교회와 가족공동체 안에서, 형제와 자매 간에 반목하게 될까 두렵기까지 합니다. 그래서 오직 하나님 말씀만이 소망임을 깨닫게 됩니다.

솔로몬은 전도서에서 인간이 욕망할 수 있을 만한 모든 삶을 스스로 살아본 후에 깨닫게 된 지혜와 소회를 기록하고 있습니다. "창조주 하나님을 기억하라."는 것입니다. 이 책은 논쟁거리가 많은 이 시대에 주님의 뜻을 분별하기 원하는 그리스도인에게 큰 도움이 될 것이라고 생각합니다. 물질만능 시대를 살며 스스로의 치솟는 욕망에 고민하며 살아가는 연약한 그리스도인에게 꼭 권합니다.

『전도서로 여는 아침』은 저자의 목회 연륜이 뒷받침되어 매우 쉽게 읽혀지는 책입니다. 우리에게 더욱 가깝게 다가오는 전도서의 가르침이 있으리라 확신하며 기쁨으로 추천합니다.

미카엘유학센터 대표, 영국 ATHE 한국교육센터 대표

방창완

여호와를 경외하는 것이 지혜의 근본이요 거룩
하신 자를 아는 것이 명철이니라(잠 9:10).

사는 것이 참 덧없다는 마음이 들 때가 있습니다. 마지
막을 생각하지도 못했는데, 막상 인생의 끝을 맞닥뜨리게
될 때 그렇습니다. 한없이 크고 자애로우셨던 부모님과의
이별, 이제 돈 좀 모으고 잘사나 보다 했던 지인의 암 투
병, 반듯한 아내와 금쪽같은 자식과 알콩달콩 살던 친구
의 이혼, 사람들은 장수, 건강, 부귀, 명예, 쾌락을 좋아하
고 이를 향해 갑니다. 그러나 해 아래 영원한 것은 없으니
그 끝은 곧 닥쳐오고 사람은 허무의 늪으로 추락하게 됩
니다.

헛되고 헛되며 헛되고 헛되니
모든 것이 헛되도다.

이렇듯 공허하고도 쓸쓸한 탄식으로 인생을 마무리할
수는 없지요. 세상의 것으로는 어떻게 해도 영원에 대한
간절한 바람이 채워지지 않습니다. 하나님 이외에는 없다
는 간결한 해답…. 전도서는 세상에 살며 텅 빈 마음에 하

나님을 채우라는 지혜를 가르쳐 줍니다. 그리해야 사는 의미와 목적을 이룰 수 있기 때문입니다.

『잠언으로 여는 아침』에 이어 『전도서로 여는 아침』이 나왔습니다. 마음에 새겨도 좋을 지침과 같은 명쾌한 제목 한 마디를 제시하고, 내용은 '첫째, 둘째, 셋째'로 단락을 나누어 압축된 언어로 이해하기 쉽게 말씀을 정리합니다. 마지막으로 하나님의 이름으로 하루를 축원하니 매일 아침이 풍성한 5분 예배로 가득 찹니다. 허무함으로 마음이 텅 빈 사람들에게 하나님의 영원한 약속으로 다시 용기를 불어넣어 주는 희망 전도서가 될 것이라 믿습니다.

숭의여자대학교 영상디자인학부 교수

이선구

오늘날 대부분의 사람들은 인생의 의미와 목적을 모른
채 바쁘게 살아가고 있습니다. 그러나 바쁘게 살아가면서
도 도대체 무엇을 위해 그렇게 바쁘게 살아가는지 알지
못합니다. 결국 인생을 마무리하는 시점에서 무엇을 위해
바쁘게만 살아왔는가 생각하며 인생을 되돌아보면 삶의
의미와 목적도 모른 채 지나온 시간을 후회하며 인생의
허무함을 느끼게 됩니다.

인생의 목적을 모르니까 때로는 집착에 빠지기도 합니
다. 어떤 사람은 돈을 많이 벌면 행복할 것 같아서 돈을
벌기 위해 정신없이 일하고, 어떤 사람은 자신의 인생에
서 이루지 못한 꿈을 자녀를 통해 이루어 보려고 자녀 교
육에 모든 경제력과 정성을 쏟아붓습니다. 또 어떤 사람
은 내면의 아름다움보다 눈에 보이는 외모에 집착하여 미

용과 성형을 수도 없이 반복하고, 지적 열등감으로 인해 늦깎이 인생에도 박사학위를 하겠다고 유학을 떠납니다. 시간만 나면 여행하기도 하고, 돈이 없어도 명품으로 치장하고 싶어 합니다. 가장 불행한 일은 진리를 알지 못하니까 영혼을 갉아먹는 허무맹랑한 이단에 빠져 인생을 낭비하기까지 합니다.

솔로몬은 전도서에서 인생의 허무함에 대해 반복적으로 이야기합니다. 그래서 전도서를 바르게 이해하지 못하면 마치 솔로몬이 염세주의, 허무주의를 주장하는 것처럼 생각할 수가 있습니다. 그러나 솔로몬이 진심으로 이야기하고 싶었던 것은 인생의 허무함이 아니라 창조주 하나님을 떠난 인생은 허무할 수밖에 없다는 사실이었습니다.

최근 언론에 보도되는 고위 공직자, 연예인, 재벌의 삶을 들여다보면, 부와 명예와 권력 그리고 쾌락을 추구하는 사람들의 비참한 현실을 알게 됩니다. 아무리 많은 것을 소유해도, 사회적으로 높은 지위에 올라 권력을 소유해도, 수많은 사람의 존경을 한 몸에 받고 사는 것 같아도, 내면의 공허함을 채울 수 없어서 마약을 하고, 성적으로 문란한 생활을 하며, 더 자극적인 것을 찾아 방황하는 모습은 인생의 모든 것이 결국은 헛되다는 사실을 잘 보여 준다고 할 수 있습니다.

솔로몬은 세상의 그 누구도 부럽지 않을 만큼 부와 명예와 권력 그리고 지혜를 소유한 사람이었습니다. 솔로몬역시 마음의 공허함을 채울 수 없는, 이 세상에서 인생이 어째서 그리 허무할 수밖에 없는가에 대해 진지하게 성찰해 보았습니다. 그 결과 하나님께서 세상을 창조하실 때에 사람의 마음에 영원을 사모하는 마음을 넣어 주셨기 때문임을 깨달았습니다(전 3:3). 유한한 이 세상의 것을 추구하는 인생은 결국 공허할 수밖에 없지만, 영원하신 하나님과 그의 나라를 구하는 사람만이 인생의 허무함을 넘어서 가치 있는 삶을 살아갈 수 있음을 알게 된 것입니다.

『잠언으로 여는 아침』에 이어 이렇게 『전도서로 여는 아침』을 출판하게 된 것은 참으로 감사한 일이라 생각합니다. 잠언이 인생을 살아가는 참된 길을 가르쳐 준다면, 전도서는 인생을 살아가는 참된 의미와 목적을 가르쳐 주는 책이기 때문입니다. 『전도서로 여는 아침』은 55일을 묵상할 수 있는 적은 분량입니다. 그러나 55일, 어쩌면 길고 어쩌면 짧을 수도 있는 이 시간이 바쁜 삶 속에서 삶의 목적을 생각하지 못하고 분주하게만 살아온 분에게 인생의 참된 의미를 깨닫게 하는 의미 있는 여정이 될 것이라고 생각합니다. 이 책을 읽고 묵상하시는 분마다 하나님 없는 인생이 얼마나 허무한 것인가를 깨닫고 하나님의 은혜 안에서 보람되고 가치 있는 삶을 살아가게 되기를 바랍니다.

이 책이 나올 수 있도록 아침마다 문자메시지를 함께 묵상해 준 사랑하는 화정 빛의숲교회 성도님과 여러 지인에게 감사의 마음을 전합니다. 추천사를 써 주신 미카엘 유학원 방창완 원장님, 숭의여자대학교 이선구 교수님께 감사의 마음을 전합니다. 또한 책의 출판을 위해 힘써 주신 예영커뮤니케이션 원성삼 대표님과 편집을 담당해 주신 김지혜 자매님에게 감사의 마음을 전합니다. 직장생활을 하면서도 저의 목회를 위해 헌신적으로 섬겨 준 목회의 러닝메이트 사랑하는 아내 정수정 사모와 바쁜 목회의 여정에서도 씩씩하게 예쁘게 잘 자라 준 아들 건복이, 딸 건희에게도 감사의 마음을 전합니다. 그리고 이 모든 영광을 하나님께 돌립니다.

빛의숲 사무실에서 이찬구 목사

목차 • • •

1장

인생의 허무함을
넘어서는 믿음

전도서 1장 1-2절

1 다윗의 아들 예루살렘 왕 전도자의 말씀이라
2 전도자가 이르되 헛되고 헛되며 헛되고 헛되니 모든 것이 헛되도다

전도서는 인간의 삶의 목적과 의미를 분명하게 제시해 주는 깊이 있는 말씀입니다. 솔로몬이 전도서에서 만물의 헛됨을 노래하고 있기 때문에 전도서를 잘못 이해하면 허무주의와 염세주의적 사상을 이야기하는 것처럼 생각할 수 있습니다. 그러나 솔로몬이 전도서를 통해 전하고자 하는 바는 하나님을 떠난 인생은 아무리 많은 것을 소유하고 세상의 모든 쾌락을 탐닉해 보아도 결국에는 허무할 수밖에 없다는 사실입니다.

세상 모든 만물은 저마다의 특별한 목적을 가지고 창조되었습니다. 그래서 하나님께서 창조하신 만물은 그 목적에 맞게 살아갈 때 참된 평안과 기쁨을 누리게 됩니다. 마찬가지로 사람은 창조주 하나님을 경외하고 그 명령을 준

행할 때에 의미 있고 가치 있는 인생을 살아갈 수 있습니다. 전도서의 저자 솔로몬은 창조주 하나님을 기억하고 그에게 순종하는 사람이 최고의 행복과 가치를 소유할 수 있다고 말씀합니다.

전도서 전체의 서론에 해당하는 1장은 저자에 대한 간단한 소개와 전도서 전체의 대주제인 만물의 헛됨을 이야기하고 있습니다. 특히 해 아래서 일하는 인간의 모든 수고가 유익하지 못하다고 말씀하면서, 하나님을 떠나 죄악 속에서 살아가는 인간의 삶이 얼마나 허무하고 고달픈지를 은연중에 암시하고 있습니다. 이처럼 전도서는 "인생은 어째서 그렇게 허무할 수밖에 없는가?"에 대한 인간의 근본적인 물음에 답변을 주는 말씀입니다.

전도서를 깊이 묵상하면서 인생의 허무함을 넘어서는 믿음을 소유하여 더욱 보람되고 가치 있는 삶을 살아가는 성도가 되기를 바랍니다.

나의 적용 • • •

자연 현상이
인생의 허무함을 알게 합니다

전도서 1장 3–8절

3 해 아래에서 수고하는 모든 수고가 사람에게 무엇이 유익한가
4 한 세대는 가고 한 세대는 오되 땅은 영원히 있도다
5 해는 뜨고 해는 지되 그 떴던 곳으로 빨리 돌아가고
6 바람은 남으로 불다가 북으로 돌아가며 이리 돌며 저리 돌아 바람은
　그 불던 곳으로 돌아가고
7 모든 강물은 다 바다로 흐르되 바다를 채우지 못하며 강물은 어느
　곳으로 흐르든지 그리로 연하여 흐르느니라
8 모든 만물이 피곤하다는 것을 사람이 말로 다 말할 수는 없나니 눈은
　보아도 족함이 없고 귀는 들어도 가득 차지 아니하도다

❧　　　　　인생의 참된 목적을 알지 못하는 사람은
삶 속에서 허무함을 느낄 수밖에 없습니다. 이 사실을 설
명하기 위해 솔로몬은 목적을 모른 채 반복되는 자연 현
상 세 가지를 예로 들어 인생의 허무함을 설명하고 있습
니다.

　첫째, 반복되는 일출과 일몰입니다. 해가 뜨고 지는 일
은 세상이 창조된 후부터 지금까지 매일매일 반복되고 있
습니다(5절). 어제도 그랬고, 오늘도 그랬고, 앞으로도 계

속될 자연 현상입니다. 마치 다람쥐가 쳇바퀴를 돌듯이 계속해서 반복됩니다. 우리 인생도 마찬가지입니다. 평범한 일상이 반복되는 삶 속에서 새로운 것을 생각하고 도전하지 않는다면 그런 인생은 허무할 뿐입니다.

둘째, 일정하지 않게 이리저리 부는 바람입니다(6절). 바람은 이곳저곳에서 불면서 지구의 모든 대기를 순환시킵니다. 바람은 기온 차에 따라, 기압 차에 따라 찬 곳에서 더운 곳으로, 압력이 높은 곳에서 낮은 곳으로 붑니다. 이렇게 바람은 자기 의지에 의해서가 아니라 환경적 요인에 의해서 움직입니다. 인생도 마찬가지입니다. 중요한 결정을 해야 할 때에 상황에 의해 어쩔 수 없는 선택을 하며 이리저리 부는 바람처럼 살아가는 인생은 허무할 수밖에 없습니다.

셋째, 많은 물이 모여들지만 범람하지 않는 바다입니다(7절). 세상의 모든 강물은 바다를 향해 끊임없이 흘러갑니다. 바다는 그 많은 강물을 다 받아들이지만, 결코 넘치지 않으며 언제나 일정한 양을 유지하고 있습니다. 사람의 눈과 귀도 바다와 같습니다(8절). 아무리 많은 정보를 눈으로 보고 귀로 들어 받아들여도 만족함이 없습니다. 오감불만족으로 사는 존재가 바로 인간이기 때문입니다.

그리스도인은 반복되는 일상에서도 환경의 지배를 받지 않고 하나님의 섭리 안에 살아가는 존재입니다. 그래서 세상이 주는 즐거움이 아니라 오직 예수님 한 분으로 만족하며 살아갑니다. 주님이 주시는 참된 소망으로 인생의 허무함을 이기고 보람된 삶을 살아가는 성도가 되기를 바랍니다.

나의 적용 ● ● ●

인류 역사가
인생의 허무함을 알게 합니다
전도서 1장 9-11절

9 이미 있던 것이 후에 다시 있겠고 이미 한 일을 후에 다시 할지라 해 아래에는 새 것이 없나니

10 무엇을 가리켜 이르기를 보라 이것이 새 것이라 할 것이 있으랴 우리가 있기 오래 전 세대들에도 이미 있었느니라

11 이전 세대들이 기억됨이 없으니 장래 세대도 그 후 세대들과 함께 기억됨이 없으리라

❧ 자연 현상이 일정하게 반복되는 것처럼 인류의 역사도 반복되는 것은 마찬가지입니다. 과학 기술 발전으로 인해서 의식주 문화가 개선되고 삶은 점점 더 윤택해지는 것 같지만, 인간의 본성은 인류의 타락 이후 과거나 현재나 아무런 변화가 없습니다. 본문은 인류의 역사 속에서 반복되는 세 가지의 허무에 대하여 말씀하고 있습니다.

첫째, 생존을 위해 동일한 일을 반복합니다(9절). 사람은 태어나서 나이가 들면 결혼하고, 아이를 낳고, 열심히 일해서 집 한 채 마련하고, 여유가 생기면 좋은 차 하나

구입하고, 아이들 시집장가 보내고, 나이들어 늙으면 세상을 떠나는 보편적인 삶을 살아갑니다. 빈부의 격차가 조금 있을지는 몰라도 모든 인류는 과거부터 현재까지 이런 일을 동일하게 반복하며 살아가고 있습니다. 만약 입고 먹고 쓸 것만을 위해 사는 삶이라면 사람과 동물이 다른 것은 무엇일까요? 너무 허무하고 비참한 인생이 아닐까요?

둘째, 인간의 욕망이 역사 속에서 무한 반복됩니다(10절). 과거에는 넓은 영토를 소유하는 것이 부와 힘의 상징이었기 때문에 정복 군주에 의한 전쟁이 반복되었습니다. 반면에 지금은 지식과 정보가 힘이고 돈이라고 생각합니다. 그래서 제4차 산업혁명을 운운하며 다양한 분야의 과학 기술과 정보를 네트워킹하려는 노력이 시작되고 있습니다. 그러나 소유에 대한 인간의 욕망 추구라는 공통점에서는 조금도 벗어나지 않습니다.

셋째, 아무리 훌륭한 업적을 이룬 사람도 다음 세대는 그를 기억하지 않습니다(11절). 예를 들면 요셉은 애굽과 팔레스타인 지역 전체를 7년의 기근에서 구원한 지혜자였지만, 몇 세대가 지나지 않아서 애굽 사람들은 요셉을 잊었고, 이스라엘 사람을 박해하기 시작했습니다. 역사 속에서 아무리 대단한 일을 했어도 그 세대를 지나가면 아무도 기억해 주지 않기 때문에 허무하다는 것입니다.

이런 인생의 허무함을 이기는 길은 무엇일까요? 바울이 자신에게 유익하던 세상의 모든 가치를 배설물처럼 여긴 이유는 그리스도 안에서 발견되고자 함이라 하였습니다(빌 3:9). 세속적인 가치를 추구하는 잘못된 욕망을 버리고 그리스도 안에서 발견되어 인생의 허무를 이기고 보람된 삶을 살아가는 성도가 되기를 바랍니다.

나의 적용 ● ● ●

사람의 인생이
허무함을 알게 합니다

전도서 1장 12-15절

12 나 전도자는 예루살렘에서 이스라엘 왕이 되어
13 마음을 다하며 지혜를 써서 하늘 아래에서 행하는 모든 일을 연구
하며 살핀즉 이는 괴로운 것이니 하나님이 인생들에게 주사 수고하
게 하신 것이라
14 **내가 해 아래에서 행하는 모든 일을 보았노라 보라 모두 다 헛되어 바**
람을 잡으려는 것이로다
15 구부러진 것도 곧게 할 수 없고 모자란 것도 셀 수 없도다

❧　　　솔로몬은 왕위에 오른 후에 아버지 다윗이
이루어 놓은 거대한 나라를 어떻게 다스려야 할지 고심하
였습니다(12절). 그래서 자신의 능력이 얼마나 부족한가
를 뼈저리게 느끼고 하늘의 지혜를 구하며 일천번제를 드
렸습니다. 그 결과 솔로몬은 역사상 전무후무한 가장 지
혜로운 사람이 되었습니다. 그러나 그 지혜를 가지고 하
늘 아래서 행하는 모든 일을 두루 살펴 얻은 결과는 인생
이 참으로 헛되다는 사실이었습니다. 어째서 인생의 모든
수고가 헛될 뿐이라 하였을까요?

첫째, 인생의 모든 수고가 참된 행복을 주지 못하기 때문입니다(13절). 사람은 하나님 품 안에 있을 때에 가장 행복하도록 창조되었습니다. 그런데 세상 사람들은 마치 기억 상실증에 걸린 것처럼 창조주 하나님을 잊어버리고 하나님의 품을 떠나버렸습니다. 하나님은 그런 인생들에게 그 수고의 결과로 괴로움을 주셨습니다. 그래서 하나님의 품을 떠난 인생은 아무리 수고해도 수고의 결과는 항상 괴로움 뿐인 것입니다.

둘째, 세속적인 가치가 행복을 주지 못하기 때문입니다(14절). 세상 모든 사람이 소망하는 바는 행복을 얻는 것입니다. 그러나 세상에서 아무리 많은 부와 명예와 권력을 소유해도 그것이 행복을 가져다주지 못합니다. 손으로 바람을 움켜쥐어 보아야 아무것도 잡히지 않는 것처럼, 세속적인 가치를 통해 행복을 얻으려 하면 손에 잡힐 것 같아도 모두 헛수고라는 것입니다.

셋째, 자연의 법칙을 거스를 수 없기 때문입니다(15절). 사람의 힘으로는 계절의 변화를 바꿀 수 없고, 피부 색깔 하나 마음대로 바꿀 수 없습니다. 그저 자연의 순리에 적응하며 살아가야지, 이를 거스르려 하면 수고하는 만큼 고통만 따를 뿐입니다. 마찬가지로 자연의 질서 하나 바

꾸지 못하는 인간이 전능하신 하나님을 대적하고 자기 욕
망을 따라 살아가려 한다면 그 인생은 철저하게 불행할
수밖에 없습니다.

하나님을 떠나 해 아래서 행하는 인간의 모든 수고는
헛되고 고통스러울 뿐입니다. 예수님께서는 "나를 떠나
서는 너희가 아무것도 할 수 없음이라(요 15:5)."고 말씀하
셨습니다. 헛되고 허무한 인생 속에 방황치 말고 주님 안
에서 참된 행복을 소유하여 살아가는 성도가 되기를 바랍
니다.

나의 적용 • • •

인간의 지혜가
인생의 허무함을 알게 합니다

전도서 1:16-18

16 내가 내 마음 속으로 말하여 이르기를 보라 내가 크게 되고 지혜를
   더 많이 얻었으므로 나보다 먼저 예루살렘에 있던 모든 사람들보다
   낫다 하였나니 내 마음이 지혜와 지식을 많이 만나 보았음이로다
17 내가 다시 지혜를 알고자 하며 미친 것들과 미련한 것을 알고자 하
   여 마음을 썼으나 이것도 바람을 잡으려는 것인 줄을 깨달았도다
18 지혜가 많으면 번뇌도 많으니 지식을 더하는 자는 근심을 더하느니라

❦　　　　솔로몬은 하나님이 주신 하늘의 지혜로 세
상의 원리와 이치를 살피던 가운데 인간이 가진 지혜의
한계와 허무함을 발견하게 되었습니다. 그리고 사람은 지
혜가 많을수록 번뇌가 많아지고, 지식을 더할수록 마음
에는 근심이 쌓인다는 사실을 깨달았습니다(18절). 솔로
몬이 이런 결론에 도달할 수밖에 없었던 이유는 무엇일까
요?

첫째, 세상에서 가장 탁월한 지혜를 소유해도 스스로
만족할 수 없기 때문입니다(16절). 열왕기상 4장 29-34절
을 보면 솔로몬이 소유한 지혜가 어느 정도였는지에 대

해 알 수 있습니다. 그는 당시의 어떤 지혜자보다 지혜로 웠고, 잠언 삼천을 말했으며, 일천다섯 편의 노래를 지었고, 자연 만물에 대해 모르는 것이 없을 정도로 많은 지식을 소유하였습니다. 그럼에도 지적으로 만족하지 못하는 자신을 발견하고 인간의 지혜가 참으로 허무함을 알게 된 것입니다.

둘째, 인간에게는 허용되지 않은 지혜가 있기 때문입니다(17절). 솔로몬은 세상의 많은 현자를 만나 인생이 추구할 수 있는 도덕적 선의 극치를 경험해 보았습니다. 그다음에 나타난 현상은 미친 것과 미련한 것을 알고자 하는 강력한 욕망이었습니다. 그래서 천 명의 아내를 얻어 육체적 쾌락의 극한을 경험해 보고, 또 온갖 우상을 숭배하면서 영적 타락의 극한을 경험해 보았습니다. 그러나 악의 실체를 경험적으로 알고 싶어서 하나님께서 허락하지 않으신 지혜와 지식을 추구한 결과 끝도 없는 허무와 불행을 만나게 된다는 사실을 깨달았을 뿐입니다.

셋째, 인간의 지혜로는 해결할 수 없는 문제가 세상에는 많이 있기 때문입니다(18절). 예를 들면 과학 기술의 발전으로 이산화탄소의 무절제한 배출로 인한 오존층의 파괴와 그로 인한 지구 온난화 현상을 알 수는 있지만, 현대 과학 기술로는 오존을 만들 수는 없습니다. 인간의 지혜와 능력에는 언제나 한계가 있기 때문에 해결할 수 없는 문제와 씨름하는 인생은 허무할 수밖에 없습니다.

매일의 삶 속에서 내 머리로 해결할 수 없는 복잡한 생각을 내려놓고 선하신 하나님, 전지전능하신 하나님을 의지함으로 인생의 허무함을 넘어 범사에 평강을 누리는 성도가 되기를 바랍니다.

나의 적용 • • •

2장

쾌락이
인생의 허무함을 알게 합니다

전도서 2장 1-2절

1 나는 내 마음에 이르기를 자, 내가 시험삼아 너를 즐겁게 하리니 너
는 낙을 누리라 하였으나 보라 이것도 헛되도다
2 내가 웃음에 관하여 말하여 이르기를 그것은 미친 것이라 하였고 희락
에 대하여 이르기를 이것이 무슨 소용이 있는가 하였노라

❧　　　어느 날 솔로몬은 "무엇이 자신의 마음에
참된 즐거움을 줄 수 있을까?"에 대해 생각하게 되었습
니다. 그래서 시험 삼아 자기 마음을 기쁘게 할 만한 모든
일을 해 보았습니다. 그러나 마음에 남은 것은 헛됨 뿐이
었습니다. 솔로몬은 어째서 이런 결론에 이를 수밖에 없
었을까요?

첫째, 아무리 많은 것을 소유해도 영혼의 만족감을 얻
을 수 없었기 때문입니다(2a절). 솔로몬은 포도원과 과원,
수목원을 짓고, 많은 가축과 금은보화를 소유하고, 처첩
들을 거느리며 사람이 경험할 수 있는 모든 쾌락을 추구
해 보았습니다(4-8절). 그러나 육체의 쾌락이 영혼에 진정

한 만족을 줄 수 없음을 깨닫고 인생의 즐거움에서 나오는 웃음은 미친 짓이라 하였습니다.

둘째, 인생의 쾌락은 한시적입니다(2b절). 어린 시절 학교에서 상장을 받으면 그렇게도 기쁩니다. 그러나 어릴 적에 받은 상장을 들고 장년이 되어서도 똑같이 기뻐한다면 미쳤다고 할 것입니다. 스포츠 경기에서 우승하든, 중요한 시험에 합격하든 기쁨은 그때 뿐이고 시간이 지나면 잊혀집니다. 인생에서 만나는 모든 쾌락이 그렇기에 솔로몬은 희락이 무슨 소용이 있는가 한탄한 것입니다.

셋째, 참된 즐거움은 하나님 안에 있기 때문입니다. 하나님은 사람을 창조하실 때에 영원을 사모하는 마음을 사람에게 주셨습니다(전 3:11). 그래서 세상의 부와 명예와 권력을 다 거머쥐어도 마음에 참된 만족감을 느낄 수 없습니다. 세상 어디에서도 영혼의 만족을 얻을 수 있는 곳이 없기에 사람은 참된 기쁨을 누리기 위하여 하나님 품으로 돌아가야 합니다.

인생의 진정한 기쁨을 세상에서 찾으려 할 때에 우리 영혼은 끝없는 갈증에 시달릴 수밖에 없습니다. 영원한 기쁨을 주시는 하나님 품 안에서 참된 만족을 누리는 성도가 되기를 바랍니다.

지혜로 이길 수 없는 죄의 권세가 인생의 허무함을 알게 합니다

전도서 2장 3-8절

3 내가 내 마음으로 깊이 생각하기를 내가 어떻게 하여야 내 마음을 지혜로 다스리면서 술로 내 육신을 즐겁게 할까 또 내가 어떻게 하여야 천하의 인생들이 그들의 인생을 살아가는 동안 어떤 것이 선한 일인지를 알아볼 때까지 내 어리석음을 꼭 붙잡아 둘까 하여

4 나의 사업을 크게 하였노라 내가 나를 위하여 집들을 짓고 포도원을 일구며

5 여러 동산과 과원을 만들고 그 가운데에 각종 과목을 심었으며

6 나를 위하여 수목을 기르는 삼림에 물을 주기 위하여 못들을 팠으며

7 남녀 노비들을 사기도 하였고 나를 위하여 집에서 종들을 낳기도 하였으며 나보다 먼저 예루살렘에 있던 모든 자들보다도 내가 소와 양 떼의 소유를 더 많이 가졌으며

8 은 금과 왕들이 소유한 보배와 여러 지방의 보배를 나를 위하여 쌓고 또 노래하는 남녀들과 인생들이 기뻐하는 처첩들을 많이 두었노라

❧　　　솔로몬은 어느 날 참 어리석은 생각을 했습니다. 육체의 정욕에 삶을 내어 주고 선한 일과 악한 일, 지혜로운 일과 우매한 일을 동시에 행해도 그로 인해 발생하는 모든 문제를 자신의 지혜로 해결할 수 있을 것

이라고 생각한 것입니다. 그래서 자신의 삶을 방탕함에 내버려 둔 결과 생각지도 못한 결론에 이르게 됩니다.

첫째, 육체의 욕망을 따라 살면 인생은 죄로 향하게 됩니다(3절). 솔로몬 자신은 지혜가 있는 사람이기 때문에 육체의 욕망을 따라 살아도 죄의 권세에서 빠져나올 수 있을 것이라고 생각했습니다. 그러나 인간은 스스로를 죄의 권세에서 구원할 수 없는 존재라는 사실을 뒤늦게 깨닫고 이 모든 것이 헛되다 한 것입니다. 인간의 죄는 예수님의 십자가 보혈의 공로 외에는 해결할 방법이 없습니다.

둘째, 인간의 욕망에는 한계가 없음을 알게 됩니다(4-8절). 솔로몬은 사업을 크게 확장하고 과수원을 짓고 많은 노비를 거느리고 많은 소떼와 양떼를 두고 온갖 금은보화를 끌어모아 보았지만 아무리 많은 것을 소유해도 만족하지 못하는 자신을 발견하고 맙니다. 그리고 채울 수 없는 욕망으로 인해 인생이 허무하다는 사실을 깨닫게 되었습니다.

셋째, 잘못된 사랑이 자신의 삶을 타락하게 만든다는 사실을 깨닫게 됩니다(8절). 솔로몬은 무려 천 명이나 되는 처첩을 두고 흑인, 백인, 황인 할 것 없이 수많은 처첩들과 합법적인 관계를 맺었습니다. 그러나 그렇게 쾌락을 추구한 결과 이방 여인들에게 미혹되어 우상 숭배자가 되고 말았습니다(왕상 11:3).

사람은 어느 누구도 스스로 죄의 권세를 이길 수 없습니다. 아무리 많이 소유해도 욕망이 충족되지 않습니다. 오직 주님의 은혜 안에 있을 때에 비천해도 풍부해도 만족할 줄 아는 지혜로운 사람이 되는 것입니다(빌 4:12). 주님 은혜 안에서 죄의 권세를 이기고 진정한 만족감과 기쁨을 누리는 성도가 되기를 바랍니다.

나의 적용 • • •

수고하여 얻은 것이
인생의 허무함을 알게 합니다

전도서 2장 9-11절

9 내가 이같이 창성하여 나보다 먼저 예루살렘에 있던 모든 자들보다
더 창성하니 내 지혜도 내게 여전하도다

10 무엇이든지 내 눈이 원하는 것을 내가 금하지 아니하며 무엇이든지
내 마음이 즐거워하는 것을 내가 막지 아니하였으니 이는 나의 모
든 수고를 내 마음이 기뻐하였음이라 이것이 나의 모든 수고로 말
미암아 얻은 몫이로다

11 그 후에 내가 생각해 본즉 내 손으로 한 모든 일과 내가 수고한 모든
것이 다 헛되어 바람을 잡는 것이며 해 아래에서 무익한 것이로다

사람은 인생에 분명한 목표가 있을 때에
거기에서 보람과 기쁨을 누립니다. 그래서 목표가 없는
사람은 게으르게 되고 무가치한 것에 마음을 빼앗겨 방탕
한 삶을 살게 되는 것입니다. 솔로몬은 천하의 인생이 추
구하는 인생의 목표가 무엇인가를 알고자 열심히 수고하
고 노력해 본 결과 그 모든 것이 헛됨을 깨닫게 됩니다.
어째서 그런 결과에 이르게 되었을까요?

첫째, 한 순간의 쾌락을 얻기 위해 너무 많이 수고하기

때문입니다(10절). 솔로몬은 자신의 마음에 즐거워하는 것을 얻기 위해 행하는 모든 수고를 기뻐했지만, 그 모든 수고가 헛되고 무익함을 고백하였습니다(11절). 한 번 경험한 쾌락은 그 이상의 것을 얻지 못하면 더 이상 마음에 즐거움을 주지 못하고, 더 큰 쾌락을 얻으려면 더 많은 수고를 끊임없이 반복해야 했기 때문입니다.

둘째, 사람은 목표의 성취보다 성취하는 과정에서 더 큰 기쁨을 누리기 때문입니다(11절). 목표를 이루어 가는 사람에게는 기대감이 있습니다. 그 목표를 성취했을 때 소유하게 될 부와 명예를 생각하면 힘이 솟아납니다. 그런데 정작 그 목표를 이루고 나면 얼마 지나지 않아서 평범한 삶이 다시 반복되는 것을 깨닫게 됩니다. 그리고는 고작 이런 것을 위해 그토록 고생하고 인내하며 살았을까 생각하니 인생이 허무해지는 것입니다.

셋째, 하나님께서 주시는 비전을 붙잡는 인생에 참된 행복이 있습니다. 인생의 꿈은 성취하면 더 이상의 만족감을 주지 못하지만, 하나님께서 주시는 비전은 성취되어도 또 다른 목표를 향해 나아가도록 인도해 줍니다. 하나님은 우리 인생에 대한 큰 그림을 가지고 믿음의 성숙에 따라 단계적으로 우리 인생을 이끌어 가시기 때문입니다.

인간은 한시적인 쾌락을 얻기 위해 무모하게 많은 수고를 하기 때문에 인생이 허무한 것입니다. 우리의 영혼은 인간적인 쾌락으로는 만족할 수 없게 창조되었습니다. 그래서 인생의 헛된 꿈과 목표는 필연적으로 허무함에 이르게 됩니다. 하나님이 주시는 비전을 붙잡고 그분의 계획 안에서 참된 만족을 누리는 성도가 되기를 바랍니다.

나의 적용 ● ● ●

생명의 유한함이
인생의 헛됨을 알게 합니다

전도서 2장 12-17절

12 내가 돌이켜 지혜와 망령됨과 어리석음을 보았나니 왕 뒤에 오는
   자는 무슨 일을 행할까 이미 행한 지 오래 전의 일일 뿐이리라
13 내가 보니 지혜가 우매보다 뛰어남이 빛이 어둠보다 뛰어남 같도다
14 지혜자는 그의 눈이 그의 머리 속에 있고 우매자는 어둠 속에 다니
   지만 그들 모두가 당하는 일이 모두 같으리라는 것을 나도 깨달아
   알았도다
15 내가 내 마음속으로 이르기를 우매자가 당한 것을 나도 당하리니
   내게 지혜가 있었다 한들 내게 무슨 유익이 있으리요 하였도다 이
   에 내가 내 마음속으로 이르기를 이것도 헛되도다 하였도다
16 **지혜자도 우매자와 함께 영원하도록 기억함을 얻지 못하나니 후일에**
   는 모두 다 잊어버린 지 오랠 것임이라 오호라 지혜자의 죽음이 우매
   자의 죽음과 일반이로다
17 이러므로 내가 사는 것을 미워하였노니 이는 해 아래에서 하는 일
   이 내게 괴로움이요 모두 다 헛되어 바람을 잡으려는 것이기 때문
   이로다

❧   세월은 모든 사람에게 공평합니다. 어리석
은 사람도, 지혜로운 사람도 모두 시간이 흐르면 늙게 되
고 인생의 마지막을 맞이하게 됩니다. 솔로몬은 자신의
이름이 역사 속에 길이길이 남기를 바랐습니다. 그러나

자신이 죽은 후에 무슨 일이 벌어질까 생각해 보니, 어차피 죽을 인생이라면 지혜로 살아온 삶이나, 우매하게 살아온 삶이나 무슨 차이가 있겠는가 하는 결론에 도달했습니다(17절).

그리고 지식이 많고 지혜가 많아서 생기는 결과는 근심과 고통뿐이라는 사실을 깨달았습니다. 왜냐하면 지혜자에게는 그 지혜에 따르는 책임이 있어서 남들이 해결할 수 없는 어려운 문제를 풀어야 하는 수고를 더해야 하기 때문입니다. 반면에 우매자들은 그 중요한 문제에 대해서 아무런 책임감이나 의무도 없이 편안한 마음으로 인생을 살고, 마지막은 지혜자와 똑같이 죽음을 향해 가더라는 것입니다. 그러니 그렇게도 많은 문제와 씨름하며 살아온 자신의 삶이 얼마나 허무하게 생각되었을까요? 내세의 소망이 없는 인생은 이생에서의 삶이 끝이라고 생각하기 때문에 이러한 결론에 도달할 수밖에 없습니다.

그러나 영생의 소망을 가지고 하나님 나라를 위해 사는 인생은 다릅니다. 평범한 일상 속에서도 언제나 그리스도의 복음을 증거하며 많은 구원의 열매를 맺습니다. 그래서 세상을 떠날 때에는 수많은 구원의 열매를 가지고 하나님의 보좌 앞으로 나아가게 됩니다. 이생에서 수고한 모든 일이 하나님 보좌 앞의 행위록에 기록되어 있어서 선을 행한 대로 상급을 받습니다. 이생과 내세의 연속성을 알기에 오늘의 삶에서 행하는 수고가 결코 헛되지 않은 것입니다.

가장 지혜로운 인생은 어떤 인생일까요? 인생의 유한함을 알고 내세의 소망 가운데 하나님 만날 그날을 준비하는 인생입니다. 이생의 역사에서 기억되기를 바라며 사는 인생이 아니라 영원한 하나님의 나라에서 기억되는 인생이 지혜로운 인생입니다. 하나님의 마음 속에 기억되는 인생을 살아가는 성도가 되기를 바랍니다.

나의 적용 • • •

수고로이 모은 재물이
인생의 헛됨을 알게 합니다

전도서 2장 18-23절

18 내가 해 아래에서 내가 한 모든 수고를 미워하였노니 이는 내 뒤를 이을 이에게 남겨 주게 됨이라

19 그 사람이 지혜자일지, 우매자일지야 누가 알랴마는 내가 해 아래에서 내 지혜를 다하여 수고한 모든 결과를 그가 다 관리하리니 이것도 헛되도다

20 이러므로 내가 해 아래에서 한 모든 수고에 대하여 내가 내 마음에 실망하였도다

21 어떤 사람은 그 지혜와 지식과 재주를 다하여 수고하였어도 그가 얻은 것을 수고하지 아니한 자에게 그의 몫으로 넘겨 주리니 이것도 헛된 것이며 큰 악이로다

22 사람이 해 아래에서 행하는 모든 수고와 마음에 애쓰는 것이 무슨 소득이 있으랴

23 일평생에 근심하며 수고하는 것이 슬픔뿐이라 그의 마음이 밤에도 쉬지 못하나니 이것도 헛되도다

그리스도인은 천지 만물의 주인되신 하나님을 나의 하나님으로 모시고 그분의 모든 부유함을 내 것처럼 누리며 살아가는 존재입니다. 이런 믿음이 없으면 세속적인 가치관으로 아무리 큰 부를 소유해도 그 부가

결국에는 인생의 허무함을 뼈저리게 느끼게 할 뿐입니다. 세속적인 가치관으로 모은 재물이 인생의 허무함을 알게 하는 이유는 무엇일까요?

첫째, 세상을 떠날 때에는 아무것도 가지고 갈 수 없기 때문입니다(18절). 세상의 모든 재물은 산 자의 것입니다. 생명을 잃으면 밥숟가락 하나 자기 마음대로 할 수 없습니다. 인생의 수고와 노력으로 아무리 많은 재물을 모았다 하더라도 그가 세상을 떠나게 되면 그의 모든 소유는 다른 사람의 것이 되고 맙니다. 아무런 수고도 하지 않았지만 단지 살아 있는 사람 중 누군가에게 그의 재산이 상속될 것이기 때문에 허무한 것입니다(21절).

둘째, 수고하여 쌓아 놓은 재물을 상속할 사람이 지혜자일지 우매자일지 알 수 없기 때문입니다(19절). 유산을 상속받은 자녀들이 부모의 수고와 업적을 계승하여 더 많은 부를 창출하며 행복하게 살아간다면 그런 자녀를 둔 부모는 마음 편히 세상을 떠날 수 있을 것입니다. 그러나 자녀들이 어리석어 유산 상속을 위해 법정 분쟁이나 일삼고, 나중에는 상속받은 유산까지 다 탕진해 버린다면 부모의 모든 수고는 헛되고 허무할 뿐입니다.

셋째, 사람은 살아가는 동안에는 가진 재물로 인해 늘

근심하기 때문입니다(21절). 어차피 세상을 떠날 때에는 다 두고 가야 하는 재물임에도 사람은 가진 재물로 인해 늘 근심합니다. 죽는 순간까지도 돈을 어떻게 굴려 재테크를 해서 더 많이 벌어 볼까 생각하는 것이 인간입니다. 그렇게 밤낮을 쉬지 못하고 근심하며 살아가는 인생이니 헛되고 허무할 뿐입니다(23절).

세상을 살아가면서 우리에게 주어진 모든 부와 명예와 권력은 하나님께로부터 온 것임을 기억할 때, 우리의 인생은 재물이 주는 허무함에서 벗어나 가치 있고 보람된 삶으로 나아가게 됩니다. 이러한 청지기적 가치관과 믿음으로 주의 은혜 안에 살아가는 성도가 되기를 바랍니다.

나의 적용 ● ● ●

하나님의 손 안에
보람된 인생이 있습니다

전도서 2장 24-26절

24 사람이 먹고 마시며 수고하는 것보다 그의 마음을 더 기쁘게 하는 것
   은 없나니 내가 이것도 본즉 하나님의 손에서 나오는 것이로다
25 아, 먹고 즐기는 일을 누가 나보다 더 해 보았으랴
26 하나님은 그가 기뻐하시는 자에게는 지혜와 지식과 희락을 주시나
   죄인에게는 노고를 주시고 그가 모아 쌓게 하사 하나님을 기뻐하는
   자에게 그가 주게 하시지만 이것도 헛되어 바람을 잡는 것이로다

❧   하나님은 하나님을 기뻐하는 사람에게 기
쁨을 주시는 분이십니다. 하나님의 품 안에 있을 때에 쉬
는 즐거움을 얻을 수 있고, 또한 자신의 삶에 주어진 일을
감당해 가며 보람을 느낄 수 있습니다. 그래서 솔로몬은
먹고 마시며 쉬는 것과 일하는 즐거움이 하나님의 손에서
나오는 것이라고 하였습니다(24절). 그러면 하나님 품 안
에 살아가는 인생에게 주시는 즐거움은 무엇일까요?

첫째, 참된 쉼을 누리게 하십니다(25절). 쉼과 노는 것
은 다릅니다. 열심히 일한 사람이 휴가를 얻으면 그동안
의 과중한 업무로 인한 스트레스도 해소하고 다시 창조적

이고 능동적인 마음으로 일할 힘을 얻습니다. 그러나 할 일이 없어 놀고 있는 사람은 그 쉼 자체가 스트레스일 뿐입니다. 무슨 일을 하든지 오직 주님만 위해 살아갈 때에 하나님은 우리의 삶에 참된 쉼을 주셔서 새로운 사명을 감당케 하십니다.

둘째, 일하는 즐거움을 누리게 하십니다(26a절). 하나님은 그가 기뻐하는 자에게 지혜와 지식과 희락을 주시는 분이십니다. 그래서 주를 경외하는 사람에게는 어떤 어려움도 감당해 나갈 수 있는 지혜와 삶의 문제를 처리할 수 있는 다양한 지식을 주셔서 모든 일이 형통하게 하십니다. 그리고 환경과 상황을 넘어서는 즐거움, 즉 희락을 주셔서 무슨 일을 하든지 지치지 않고 기쁨으로 감당하게 하십니다.

셋째, 악인의 수고가 헛되게 하시고 그 쌓은 재물을 하나님을 기뻐하는 자에게 주십니다(26b절). 구약의 족장 시대에 야곱은 외삼촌 라반의 집에서 20여 년간 모진 고생을 하며 노동력을 착취당했습니다. 라반이 온갖 술수와 모략으로 야곱을 괴롭히고 노동에 대한 공정한 대가를 주지 않았기 때문입니다. 그러나 하나님은 그 악한 계획을 뒤집으셔서 야곱을 라반보다 더 부유하게 하셨습니다.

하나님은 그가 기뻐하시는 자에게 노동의 즐거움과 쉼의 즐거움을 주시고 수고한 대로 보상해 주시는 분이십니다. 그 은혜의 품 안에서 범사에 보람과 기쁨을 누리며 살아가는 성도가 되기를 바랍니다.

나의 적용 • • •

3장

인생의 마지막 때를
준비하는 지혜가 필요합니다

전도서 3장 1-11절

1 범사에 기한이 있고 천하 만사가 다 때가 있나니
2 날 때가 있고 죽을 때가 있으며 심을 때가 있고 심은 것을 뽑을 때가
  있으며
3 죽일 때가 있고 치료할 때가 있으며 헐 때가 있고 세울 때가 있으며
4 울 때가 있고 웃을 때가 있으며 슬퍼할 때가 있고 춤출 때가 있으며
5 돌을 던져 버릴 때가 있고 돌을 거둘 때가 있으며 안을 때가 있고 안
  는 일을 멀리 할 때가 있으며
6 찾을 때가 있고 잃을 때가 있으며 지킬 때가 있고 버릴 때가 있으며
7 찢을 때가 있고 꿰맬 때가 있으며 잠잠할 때가 있고 말할 때가 있으
  며
8 사랑할 때가 있고 미워할 때가 있으며 전쟁할 때가 있고 평화할 때
  가 있느니라
9 일하는 자가 그의 수고로 말미암아 무슨 이익이 있으랴
10 하나님이 인생들에게 노고를 주사 애쓰게 하신 것을 내가 보았노라
11 **하나님이 모든 것을 지으시되 때를 따라 아름답게 하셨고 또 사람들
   에게는 영원을 사모하는 마음을 주셨느니라 그러나 하나님이 하시는
   일의 시종을 사람으로 측량할 수 없게 하셨도다**

❧   믿음의 삶은 하나님께서 주신 약속을 성취
해 가는 삶입니다. 약속에서 가장 중요한 것은 정해진 기

한을 지키는 것입니다. 때와 기한을 지키지 못하면 약속은 그 자체가 무효가 됩니다. 그러면 유한한 인생을 살아가는 동안에 하나님 주신 약속을 성취하며 그 은혜를 누리는 길은 무엇일까요?

첫째, 모든 일에는 기한과 때가 있음을 기억해야 합니다(1절). 무엇을 하든지 가장 중요한 것은 타이밍입니다. 타이밍이 어긋나면 최선의 결과를 얻을 수가 없습니다. 믿음의 삶에서도 예배, 기도, 헌신, 봉사를 해야 할 때가 있습니다. 하나님께서 원하시는 때와 기한을 마땅히 지키지 않으면 우리는 아무런 유익을 얻을 수 없습니다.

둘째, 생명이 있는 동안 주의 일에 힘써야 합니다(9절). 주의 일에 힘쓰는 사람은 수고로 인해 생기는 이익에 마음을 두지 않습니다. 세상 사람들은 수고의 대가에 관심을 두기 때문에 일한 보수를 얻지 못하면 심령이 상합니다. 그러나 주의 일에 힘쓰는 사람은 예수님을 사랑하는 마음으로 일하기 때문에 주를 위해 일한다는 그 자체만으로 보람과 기쁨을 얻습니다. 그리고 먼저 그의 나라와 의를 구하는 자의 삶을 풍성하게 채우시는 하나님의 은혜를 누리게 됩니다.

셋째, 인생의 마지막 때를 준비해야 합니다(11절). 나무는 사계절마다 잎사귀 색깔을 바꾸며 옷을 갈아입고, 하늘도 계절에 따라 색깔을 바꿉니다. 이렇게 반복되는 계절의 변화를 보면서 우리가 배울 수 있는 교훈은 죽음과 부활의 때가 있다는 사실입니다. 짧은 인생 속에서 예수 그리스도를 믿는 믿음으로 내 영혼의 구원을 준비하지 못한다면 주님께서 심판주로 오시는 그날에 가장 비참하고 허무한 인생이 되고 마는 것입니다.

하나님은 우리에게 영원을 사모하는 마음을 주셨습니다. 그래서 우리 영혼은 세상 것으로 만족할 수 없고, 오직 하나님의 품 안에 있을 때에 가장 평안하고 안전합니다. 짧은 인생 속에서 인생의 마지막 때를 지혜롭게 준비하며 보람 있는 삶을 살아가는 성도가 되기를 바랍니다.

나의 적용 • • •

수고로운 인생에 주신 하나님의 선물

전도서 3장 12-15절

12 사람들이 사는 동안에 기뻐하며 선을 행하는 것보다 더 나은 것이 없는 줄을 내가 알았고

13 사람마다 먹고 마시는 것과 수고함으로 낙을 누리는 그것이 하나님의 선물인 줄도 또한 알았도다

14 하나님께서 행하시는 모든 것은 영원히 있을 것이라 그 위에 더 할 수도 없고 그것에서 덜 할 수도 없나니 하나님이 이같이 행하심은 사람들이 그의 앞에서 경외하게 하려 하심인 줄을 내가 알았도다

15 이제 있는 것이 옛적에 있었고 장래에 있을 것도 옛적에 있었나니 하나님은 이미 지난 것을 다시 찾으시느니라

하나님 없이 살아가는 인생은 허무할 수밖에 없습니다. 그 이유는 하나님께서 그들에게 수고의 대가로 인생의 노고를 주셨기 때문입니다. 열심히 일을 한 대가로 몸과 마음이 지치고 곤고해질 뿐입니다. 그러나 하나님을 경외하는 사람에게는 인생을 살아가는 참된 즐거움을 얻도록 몇 가지 선물을 주셨습니다. 그것은 무엇일까요?

첫째, 선을 행하는 즐거움입니다(12절). 세상 사람들은

선을 추구하는 삶에 남는 것이 없다고 생각합니다. 그래서 악착같이 돈 많이 벌어 잘살아 보겠다고 애쓰지만, 많이 가져도 즐거움이 없고, 항상 고통스러울 뿐입니다. 그러나 영원을 사모하는 마음을 가지고 하나님을 의지하는 사람은 선을 행하는 즐거움 속에 살아갑니다. 수고로이 일만 하는 것이 아니라 선을 행하는 삶을 통해 하나님께서 주시는 보람과 기쁨을 누리게 됩니다.

둘째, 먹고 마시는 즐거움입니다(13절). 보람된 일을 열심히 하면서 살면 수고한 몸은 자연스럽게 음식을 원하게 되고 무엇을 먹든지 소화가 잘되고 마음이 즐거워집니다. 선을 행하는 즐거움 속에서 노동을 하기 때문에 스트레스가 없고 일마다 때마다 만족감과 기쁨을 누립니다. 이렇게 수고로이 살아가는 인생에서 음식을 먹고 마시는 즐거움을 누리는 것은 하나님을 경외하는 자들에게 주신 귀한 선물입니다.

셋째, 선행의 기준이 되는 진리의 말씀입니다(14절). 선의 기준은 주관적인 것이 아니라 모든 사람이 동의할 수 있는 선이어야 합니다. 또한 인본주의적인 선이어서도 안 됩니다. 인본주의적인 선은 시대마다 문화마다 다를 수 있기 때문입니다. 그래서 하나님은 선행의 기준으로 말씀을 주셨습니다. 하나님은 이미 지난 것을 다시 찾으신다고 하셨는데 이 말씀은 과거에 우리 믿음의 선조들에게 말씀을 통해 주신 선의 기준이 현재나 미래에도 결코 변치 않는 것임을 의미합니다(15절).

매일의 삶에서 선을 행하는 즐거움, 노동의 즐거움을 누리며 살아가되 말씀 안에서 기뻐하고 즐거워하며 보람되게 살아가는 성도가 되기를 바랍니다.

나의 적용 ・ ・ ・

부조리한 세상을 살아가는 지혜

전도서 3장 16-18절

16 또 내가 해 아래에서 보건대 재판하는 곳 거기에도 악이 있고 정의를 행하는 곳 거기에도 악이 있도다
17 내가 내 마음속으로 이르기를 의인과 악인을 하나님이 심판하시리니 이는 모든 소망하는 일과 모든 행사에 때가 있음이라 하였으며
18 내가 내 마음속으로 이르기를 인생들의 일에 대하여 하나님이 그들을 시험하시리니 그들이 자기가 짐승과 다름이 없는 줄을 깨닫게 하려 하심이라 하였노라

아담과 하와의 범죄 이후 죄가 세상에 들어오면서 인류는 하나님의 형상을 잃어버렸습니다. 그 결과 인간이 살아가는 세상은 순리를 따르지 않는 부조리가 만연한 곳이 되어 버렸습니다. 이렇게 정의가 왜곡된 세상에서 그리스도인들은 어떤 삶의 자세를 가지고 살아가야 할까요?

첫째, 하나님 앞에서 마땅한 도리를 행해야 합니다(16절). 공의가 왜곡된 이 세상에서는 법정에서도 원고와 피고가 뒤바뀌는 불합리한 일이 벌어지고, 정의를 행해야

할 경찰들이 불의한 이익을 위해 범죄자들과 내통하는 등 상식에서 벗어나는 일을 행하고 있습니다. 이런 현상은 인간 이성의 한계와 탐심의 결과입니다. 하나님을 경외하는 사람은 말씀과 기도로 삶을 분별함으로 이성적 한계를 극복하고, 하나님 임재의식으로 탐심을 이기며 나아가야 합니다.

둘째, 최후 심판이 있음을 기억해야 합니다(17절). 사람은 두 가지의 종말을 맞이하게 됩니다. 하나가 개인적인 죽음으로 인한 종말이고, 또 하나는 예수님께서 심판주로 오시는 날 직면하게 될 온 인류의 종말입니다. 하나님은 의인과 악인을 심판하시는데, 사회에서 불의한 자들이 득세하는 것 같지만 결국에는 수치와 부끄러움을 당하게 하시고 마지막 날에 그들의 행위에 따라 영생과 영벌을 내리십니다. 최후 심판을 염두에 두어 살아가는 인생은 불의를 행할 수 없습니다.

셋째, 육체의 본능을 제어하고 성화의 길을 가야 합니다(18절). 본능대로 사는 인간은 동물과 다를 것이 없습니다. 동물은 자기 보존, 자기 번식, 자기 만족을 위해서만 삽니다. 그래서 생존의 위협을 당하면 무슨 일도 서슴지 않습니다. 그러나 하나님은 사람의 본성을 달아보십니다.

그래서 동물같이 연약한 자신의 모습으로 인해 애통하며 하나님께 모든 것을 맡겨 드리며 나아가는 사람을 이 불의한 세상 가운데서 반드시 구원해 주십니다.

불의한 세상에 동화되어 함께 범죄하는 인생이 아니라 하나님 경외하는 마음으로 동물적인 본능을 이기고 성화의 길 가는 성도가 되기를 바랍니다.

나의 적용 • • •

성령의 인도하심을 따라
살아야 합니다

전도서 3장 19-22절

19 인생이 당하는 일을 짐승도 당하나니 그들이 당하는 일이 일반이라 다 동일한 호흡이 있어서 짐승이 죽음 같이 사람도 죽으니 사람이 짐승보다 뛰어남이 없음은 모든 것이 헛됨이로다

20 다 흙으로 말미암았으므로 다 흙으로 돌아가나니 다 한 곳으로 가거니와

21 인생들의 혼은 위로 올라가고 짐승의 혼은 아래 곧 땅으로 내려가는 줄을 누가 알랴

22 그러므로 나는 사람이 자기 일에 즐거워하는 것보다 더 나은 것이 없음을 보았나니 이는 그것이 그의 몫이기 때문이라 아, 그의 뒤에 일어날 일이 무엇인지를 보게 하려고 그를 도로 데리고 올 자가 누구이랴

인생의 끝이 죽음이라고 생각하면 사람이나 동물이나 그 마지막은 다 똑같을 수밖에 없습니다. 아무리 지혜가 많고 능력 있는 사람이라 할지라도 생명이 다해서 죽으면 아무것도 할 수 없고 죽은 몸은 단지 동물의 사체와 다를 것이 없기 때문입니다. 그러나 사람의 죽음에는 동물과는 본질적으로 다른 의미가 있습니다.

첫째, 같은 호흡을 가졌지만, 생명이 있는 동안에 사람은 하나님의 영으로 살아가고 동물은 혼으로 살아갑니다. 하나님께서 첫 사람 아담을 흙으로 지으신 후 그 코에 생기를 불어넣으심으로 사람은 생령이 되었습니다(창 2:7). 그래서 사람은 영으로 하나님께 예배하고 찬양하며 기도할 수 있지만, 동물은 단지 본능을 따라 살아갈 뿐입니다. 하나님의 영을 받은 사람이 성령의 인도하심을 따르지 않는다면 동물과 다를 바가 없습니다.

둘째, 사람이나 동물이나 똑같이 죽음을 맞이하는 것 같지만 사람은 하나님 품으로 돌아가 영생하고, 동물은 흙으로 돌아가 소멸됩니다(21절). 사람의 육체나 동물의 육체나 모두 흙으로 만들어졌기에 똑같이 흙으로 돌아가지만, 사람의 영은 하나님께로부터 왔기에 하나님 품으로 돌아가는 것입니다. 그래서 사람의 영혼은 사나 죽으나 하나님 품에 있을 때에 가장 안전하고 행복합니다.

셋째, 사람은 사명을 위해 살고 동물은 생존을 위해 삽니다(22절). 사람에게는 생명 있는 동안에 자기에게 주어진 일을 성실히 행하며 즐거워하는 것보다 더 나은 것은 없습니다. 그 이유는 한 번 죽으면 다시 살아 돌아올 수 없고 그 즐거움을 더 이상 누릴 수 없기 때문입니다. 그래서 한 번 사는 인생에서 하나님께서 주신 사명을 기쁨으로 감당하는 삶이 가장 행복한 것입니다.

하나님의 영으로 인도함을 받는 인생에 참된 행복이 있습니다. 성령의 인도하심을 따라 주신 사명을 잘 감당하며 기쁨으로 살아가는 성도가 되기를 바랍니다.

나의 적용 • • •

4장

하나님께서 위로자가 되시니
소망이 있습니다

전도서 4장 1–3절

1 내가 다시 해 아래에서 행하는 모든 학대를 살펴 보았도다 보라 학대 받는 자들의 눈물이로다 그들에게 위로자가 없도다 그들을 학대하는 자들의 손에는 권세가 있으나 그들에게는 위로자가 없도다

2 그러므로 나는 아직 살아 있는 산 자들보다 죽은 지 오랜 죽은 자들을 더 복되다 하였으며

3 이 둘보다도 아직 출생하지 아니하여 해 아래에서 행하는 악한 일을 보지 못한 자가 더 복되다 하였노라

인생이 죽음으로 모든 것이 끝나 버린다면, 학대 받는 사람만큼 억울하고, 고통스럽고, 삶을 포기하고 싶은 사람은 없을 것입니다. 부와 권력이 지배하는 사회에서는 약자의 손을 들어주거나 학대당하는 사람들을 돌보려는 위로자가 없기 때문입니다. 그러나 믿음으로 사는 사람들에게는 학대 당하는 현실에서도 소망이 있습니다.

첫째, 위에 계신 하나님이 참된 소망이 되십니다. 권력자들은 연약하고 힘없는 사람들을 마음껏 괴롭히고 부려

먹으려고 합니다. 갑이 횡포를 부리기 시작하면 을은 어쩔 수 없이 슬픔의 눈물을 흘릴 뿐입니다. 그러나 과부와 고아들의 아버지가 되시는 하나님께서 재판관이 되셔서(시 68:5) 학대받는 자들의 부르짖음을 들어주시기에 소망이 있습니다(출 22:23). 하나님은 세상의 어떤 권력보다 강하신 최고의 갑이시기 때문입니다.

둘째, 하나님은 생명이 있는 자에게 소망을 주십니다. 학대 당하는 사람들의 고통이 얼마나 심각한지, 하나님이 계시지 않는다면, 고통을 당하는 것보다는 죽는 것이 낫고, 태어나 고난 당하는 것보다 차라리 나지 않는 것이 낫다는 결론에 도달하게 됩니다(3절). 그러나 절망스러운 상황에서도 모든 소망을 하나님께 두고 인내하는 사람은 하나님께서 친히 나타나 도우심으로 그 은혜를 찬송케 하시는 놀라운 역사를 체험하게 됩니다(시 43:5).

셋째, 고난 속에서 믿음이 자라게 하시기에 소망이 있습니다. 하나님께서 함께하신다고 인생에 슬픔과 눈물이 없는 것은 아닙니다. 하나님께서 우리가 학대를 당하지 않도록 늘 보호해 주시는 것도 아닙니다. 그런데 참 기이한 일은, 인생에 찾아오는 아픔을 통해서 하나님을 더 깊이 만나고, 학대 당하는 삶에서 더욱 담대한 믿음을 가진 사람으로 성숙된다는 사실입니다(시 119:71).

고난 가운데서도 산 소망이 되시는 하나님을 바라보며 참된 위로자가 되시는 하나님의 도우심으로 모든 고난을 극복하고 영적 성숙을 이루어 가는 성도가 되기를 바랍니다.

나의 적용 • • •

함께 나누는 삶에
진정한 행복이 있습니다

전도서 4장 4-6절

4 내가 또 본즉 사람이 모든 수고와 모든 재주로 말미암아 이웃에게 시기를 받으니 이것도 헛되어 바람을 잡는 것이로다
5 우매자는 팔짱을 끼고 있으면서 자기의 몸만 축내는도다
6 두 손에 가득하고 수고하며 바람을 잡는 것보다 한 손에만 가득하고 평온함이 더 나으니라

하나님은 사람들이 나름대로 훌륭한 인생을 살아갈 수 있도록 저마다 독특한 은사를 나누어 주셨습니다. 그래서 주신 은사를 바르게 활용하면 나 한 사람의 성공으로 인해서 주위에 있는 많은 사람이 유익을 얻고 함께 즐거워하는 기쁨을 누리게 됩니다. 본문에서 솔로몬은 은사를 받은 세 종류의 사람에 대해 이야기하고 있습니다.

첫째, 우매하고 게으른 사람입니다(5절). 사람이 탁월한 재능을 가지고 있어도 바르게 활용할 줄 모르면 인생에 아무 유익이 없습니다. 우매한 사람은 다른 사람에게

이용만 당하면서 마땅히 받아야 할 임금을 받지 못해 자기 몸만 피곤해지거나, 게을러서 주신 재능으로 아무 일도 하지 않음으로 유익을 얻지 못한다는 것입니다. 일을 해도 안 해도 무익한 인생입니다.

둘째, 가진 재능으로 자기만을 위해 사는 사람입니다 (6a절). 이런 사람은 주변의 다른 사람을 전혀 배려하지 않습니다. 그래서 모든 것을 독점하여 양쪽 손에 잔뜩 움켜쥐고 어느 누구와도 나누려 하지 않습니다. 그러니 이웃들이나 주위 사람들에게 시기를 받게 되고, 사람들은 그가 망하기를 바라게 됩니다. 처음에는 잘되는 것 같지만 하는 일이 위태해지면 어느 누구도 그를 도와주려 하지 않습니다. 함께 나누는 행복을 알지 못하니 허무한 인생이 됩니다.

셋째, 축복의 통로로 쓰임 받는 사람입니다(6b절). 하나님은 받은 재능을 다시 하나님 나라를 위해 바치는 사람에게 재능을 은사로 바꾸어 주십니다. 은사를 우리에게 주시는 이유는 범사에 유익하게 하기 위해서입니다. 그래서 은사를 잘 활용하면 모든 것을 독점하는 삶이 아니라 함께 나누고 즐거워하며 나 자신도 풍족한 인생을 살아가게 됩니다. 양손에 가득하지는 않지만, 한 손이라도 가득하게 채우고 평온한 삶을 누리게 됩니다.

인생에서 무엇에나 욕심은 금물입니다. 이기적인 마음이 나도 죽이고 남도 죽이는 원인이 됩니다. 주신 은사를 지혜롭게 활용하면서 많은 사람과 더불어 행복을 누리는 성도가 되기를 바랍니다.

나의 적용 • • •

함께하는 신앙에는
즐거움과 유익함이 있습니다

전도서 4장 7-12절

7 내가 또 다시 해 아래에서 헛된 것을 보았도다

8 어떤 사람은 아들도 없고 형제도 없이 홀로 있으나 그의 모든 수고
에는 끝이 없도다 또 비록 그의 눈은 부요를 족하게 여기지 아니하
면서 이르기를 내가 누구를 위하여는 이같이 수고하고 나를 위하여
는 행복을 누리지 못하게 하는가 하여도 이것도 헛되어 불행한 노고
로다

9 두 사람이 한 사람보다 나음은 그들이 수고함으로 좋은 상을 얻을
것임이라

10 혹시 그들이 넘어지면 하나가 그 동무를 붙들어 일으키려니와 홀로
있어 넘어지고 붙들어 일으킬 자가 없는 자에게는 화가 있으리라

11 또 두 사람이 함께 누우면 따뜻하거니와 한 사람이면 어찌 따뜻하
랴

12 **한 사람이면 패하겠거니와 두 사람이면 맞설 수 있나니 세 겹 줄은 쉽
게 끊어지지 아니하느니라**

무엇을 하든지 혼자보다는 함께하는 것이
좋습니다. 운동을 해도 같이 할 수 있는 사람이 있을 때에
힘이 되고, 맛있는 음식을 먹어도 혼자보다는 함께 먹을
사람이 있을 때에 더욱 즐겁습니다. 믿음의 길에서는 개

인적인 신앙을 지켜나가는 것도 중요하지만, 함께 예배하고 사랑하며 섬길 수 있는 건강한 공동체를 만나는 것은 더욱 중요합니다. 그러면 건강한 믿음의 공동체가 주는 유익은 무엇일까요?

첫째, 믿음이 연약해질 때에 서로 붙들어 세워 줍니다(9절). 함께 길을 가다가 한 사람이 지쳐 쓰러지면 다른 사람이 그를 부축해서라도 목적지까지 가는 것처럼, 믿음의 여정에서도 우리가 늘 강하고 담대한 믿음일 수는 없지만, 마음이 상하거나 실족했을 때에 건강한 공동체 안에 있으면 위로와 격려를 통해 다시 일어설 수 있습니다. 실족했을 때 나를 다시 세워 줄 건강한 믿음의 공동체가 있는 사람은 행복한 사람입니다.

둘째, 함께하는 신앙에는 영적 시너지 효과가 있습니다(11절). 추운 곳에서도 등을 맞대고 있으면 서로의 체온으로 따뜻하게 추위를 이길 수 있는 것처럼 함께하는 신앙에는 영적 시너지 효과가 일어납니다. 주님은 두 사람이 땅에서 합심하여 무엇이든지 구하면 하늘에 계신 하나님께서 이루시리라 말씀하셨고, 두세 사람이 주님의 이름으로 모인 곳에 함께하신다 약속하셨기 때문입니다(마 18:19-20).

셋째, 공동의 목표를 성취하면서 함께 기쁨을 누립니다 (12절). 세 겹 줄이 쉽게 끊어지지 않는 것처럼, 서로 협력하면서 목표를 향해 나아가면 어떤 어려운 상황도 극복하고 계획한 바를 이룰 수 있습니다. 그 수고와 노력이 헛되지 않아서 결국에는 좋은 상을 얻게 됩니다(9절). 그러나 아무리 큰 성공을 하고 돈을 많이 벌었다 하더라도, 함께 즐거워하고 축하해 줄 사람이 없는 인생은 허무할 뿐입니다(8절).

개인적인 신앙을 잘 점검하고, 건강한 믿음의 공동체 안에서 서로 사랑하고 헌신하는 삶에 영적 시너지 효과가 나타납니다. 함께하는 신앙으로 좋은 상을 얻는 성도가 되기를 바랍니다.

나의 적용 • • •

영생의 소망이
인생의 가치를 높여 줍니다

전도서 4장 13-16절

13 가난하여도 지혜로운 젊은이가 늙고 둔하여 경고를 더 받을 줄 모르는 왕보다 나으니

14 그는 자기의 나라에서 가난하게 태어났을지라도 감옥에서 나와 왕이 되었음이니라

15 내가 본즉 해 아래에서 다니는 인생들이 왕의 다음 자리에 있다가 왕을 대신하여 일어난 젊은이와 함께 있고

16 그의 치리를 받는 모든 백성들이 무수하였을지라도 후에 오는 자들은 그를 기뻐하지 아니하리니 이것도 헛되어 바람을 잡는 것이로다

이스라엘 역사 속에는 실제로 감옥에서 나와 왕이 된 사람이 없습니다(14절). 단지 비슷한 예로는 감옥에서 나와서 애굽의 국무총리가 되어 왕의 권세를 누렸던 지혜로운 소년 요셉이 있습니다. 그럼 솔로몬이 이런 가상의 인물을 예로 들어서 들려주고자 하는 인생의 교훈은 무엇일까요?

첫째, 미래가 있는 사람이 행복한 사람입니다(13절). 왕의 권세를 가진 사람이라도 지혜가 없어 장차 망할 사람

보다 비록 가난하고 어려운 삶을 살고 있어도 지혜로 미래를 열어 가는 소년이 더 행복하다는 것입니다. 사람은 하나님께서 주시는 비전을 이루며 살아갈 때에 진정으로 행복합니다. 하나님은 비전을 따라 사는 사람에게 어제보다 오늘이, 오늘보다 내일이 더 나은 삶을 선물로 주십니다.

둘째, 아무리 큰 성공을 거두어도 어차피 잊혀지는 인생은 허무할 뿐입니다(16a절). 요셉은 실제로 감옥에서 나와 애굽의 국무총리가 되었습니다. 애굽을 기근으로부터 구한 요셉의 지혜와 업적을 알았던 애굽 왕들은 요셉과 이스라엘 백성을 선대하였습니다. 그러나 그를 알지 못하는 왕이 일어났을 때에 온 이스라엘 백성은 애굽에서 노예살이를 할 수밖에 없었습니다. 역사가 영원히 자신을 기억해 주기를 바라는 마음은 부질없는 욕심일 뿐입니다.

셋째, 영생의 소망이 있는 사람이 행복한 사람입니다(16b절). 사람이 부와 명예와 권력을 소유하고 무슨 대단한 업적을 이루어도 인생의 허무함을 느낄 수밖에 없는 이유는 세상을 떠날 때에 아무것도 가져갈 수 없기 때문입니다. 그러나 영생의 소망을 가지고 하나님 나라를 위해 살아가는 사람은 다릅니다. 인생의 수고와 헌신을 하나님께서 기억하시고 이 땅에서 복을 주시고 천국에서는 영생의 상급을 주시기 때문입니다.

영생의 소망은 현세와 내세를 이어 주는 징검다리와 같습니다. 그래서 삶의 수고와 노력, 업적이 헛되지 않게 하고 하나님 나라를 위해 살아가는 즐거움을 누리게 합니다. 부질없이 세상 것에 마음을 빼앗기지 말고 영생의 소망 가운데 보람 있는 삶을 살아가는 성도가 되기를 바랍니다.

나의 적용 • • •

5장

참된 예배자의 마음으로 살아가야 합니다

전도서 5장 1~7절

1 너는 하나님의 집에 들어갈 때에 네 발을 삼갈지어다 가까이 하여 말씀을 듣는 것이 우매한 자들이 제물 드리는 것보다 나으니 그들은 악을 행하면서도 깨닫지 못함이니라

2 너는 하나님 앞에서 함부로 입을 열지 말며 급한 마음으로 말을 내지 말라 하나님은 하늘에 계시고 너는 땅에 있음이니라 그런즉 마땅히 말을 적게 할 것이라

3 걱정이 많으면 꿈이 생기고 말이 많으면 우매한 자의 소리가 나타나느니라

4 네가 하나님께 서원하였거든 갚기를 더디게 하지 말라 하나님은 우매한 자들을 기뻐하지 아니하시나니 서원한 것을 갚으라

5 서원하고 갚지 아니하는 것보다 서원하지 아니하는 것이 더 나으니

6 네 입으로 네 육체가 범죄하게 하지 말라 천사 앞에서 내가 서원한 것이 실수라고 말하지 말라 어찌 하나님께서 네 목소리로 말미암아 진노하사 네 손으로 한 것을 멸하시게 하랴

7 꿈이 많으면 헛된 일이 많아지고 말이 많아도 그러하니 오직 너는 하나님을 경외할지니라

運동선수에게 가장 중요한 것은 어떤 대단한 기술이 아니라 기본기입니다. 기본기가 잘되어 있지 않으면 아무리 기술이 좋아도 효율적으로 사용할 수 없

고, 지구력을 발휘하기 어렵습니다. 신앙에도 기본기가 있습니다. 그것은 바로 예배입니다. 잘못된 동기로 예배하는 사람은 기도도, 찬양도, 봉사도 헛되고 삶에는 은혜가 없습니다. 그러면 무엇이 참된 예배자의 마음일까요?

첫째, 말씀을 사모하는 마음입니다(1절). 하나님은 우리가 제물을 드리는 것보다 말씀을 듣는 것을 더 귀히 여기십니다. 때로는 하나님께 제물을 드리는 것이 범죄 행위가 될 수도 있습니다. 예를 들어 예배의 감격도 없으면서 자기가 원하는 바를 이루어 주시기만 바라고 제물을 드리는 것은 하나님을 무시하는 범죄 행위입니다. 하나님은 말씀을 사모하고 그 말씀대로 살고자 예배하는 사람을 귀히 여기시고 그의 삶에 은혜를 베풀어 주십니다.

둘째, 바른 서원으로 주께 예배하는 마음입니다(4절). 잘못된 서원은 하나님께서 원치도 않으시는 일을 자기가 하겠다고 고백하는 것입니다. 왜 그런 고백을 할까요? 자기가 원하는 바는 간절한데 이룰 힘이 없으니까 하나님과 거래를 하려는 거짓된 마음 때문입니다. 이런 서원은 자신이 원하는 바를 이룬 후에 지키기도 어렵고 반드시 죄를 범하게 됩니다(6절). 그러나 참된 예배자는 나의 품은 뜻이 주님의 뜻과 같이 되어 그 뜻을 이루기 위해 서원합니다. 하나님은 이런 서원을 기뻐하시고 그의 삶에 복을 주십니다.

셋째, 하나님께서 주신 비전을 귀히 여기고 살아가는 마음입니다(7절). 꿈은 자기가 원하는 것을 이루고자 하는 마음이고 비전은 하나님께서 보여 주신 미래를 성취하고자 하는 갈망입니다. 꿈이 많은 사람은 걱정도 많고, 자기 욕망을 이루려다 하나님 앞에 범죄합니다. 그러나 비전을 붙잡고 살아가는 사람은 어떤 어려운 상황이나 환경도 믿음으로 이겨 내고 하나님의 선하신 뜻을 성취합니다. 하나님은 참된 예배자에게 이러한 비전을 주셔서 행복한 인생을 살아가게 하십니다.

예배 가운데 하나님의 말씀을 경청하고 성령의 감동으로 서원하며, 주신 비전을 가지고 삶의 현장으로 나아가는 사람에게 하나님의 능력과 역사가 나타납니다. 참된 예배자가 되어 인생의 승리자로 살아가는 성도가 되기를 바랍니다.

나의 적용 • • •

하나님만이
공의로운 심판자이십니다

전도서 5장 8-9절

8 너는 어느 지방에서든지 빈민을 학대하는 것과 정의와 공의를 짓밟
는 것을 볼지라도 그것을 이상히 여기지 말라 높은 자는 더 높은 자
가 감찰하고 또 그들보다 더 높은 자들도 있음이니라
9 땅의 소산물은 모든 사람을 위하여 있나니 왕도 밭의 소산을 받느니라

사람은 누구나 사랑받고 존중받을 권리가 있습니다. 그러나 어느 시대든지 가난하고 연약한 사람들은 인간의 존엄성을 인정받지 못하고 학대와 착취를 당하며 살아왔습니다. 힘을 가진 자들이 권력을 남용하고 불쌍한 사람들을 괴롭히기 때문입니다. 그러면 힘과 권력이 지배하는 세상에서 하나님의 백성은 어떤 생각과 가치관으로 살아가야 할까요?

첫째, 하나님께서 세상을 감찰하고 계심을 기억해야 합니다(8b절). 어느 사회에서나 연약한 빈민이 학대당하고 사회의 정의와 공의가 흔들리는 것은 결코 이상한 일이 아닙니다. 힘과 권력을 가진 자들이 자기의 말이 법이라

고 생각하며 교만하게 행동하기 때문입니다. 그러나 높은 자는 더 높은 자가 감찰하듯이 가장 높은 곳에 계신 하나님께서 저들을 감찰하시고 그들의 교만함을 반드시 심판해 주십니다.

둘째, 모든 사람의 생명이 하나님 손에 있음을 기억해야 합니다(9절). 땅은 모든 사람과 동물이 먹을 양식을 냅니다. 심지어 왕조차도 땅에서 나는 양식을 먹지 않으면 생명을 유지할 수 없습니다. 땅이 모든 동물의 생명을 위해 양식을 내는 것처럼 전능하신 하나님께서는 모든 사람에게 생명을 주십니다. 하나님의 통치 아래서 모든 생명은 존귀함을 기억할 때에 인간의 존엄성이 지켜질 수 있습니다.

셋째, 하나님이 심판자이심을 기억해야 합니다. 어떤 스포츠든지 선수의 역할이 있고, 심판의 역할이 있습니다. 선수는 상대방 선수가 어떻게 하든지 그 경기를 심판할 수 없습니다. 경기를 규칙대로 운영하는 것은 심판의 몫입니다. 사람이 사람을 학대하는 이유는 자기가 최종적 권위를 가진 심판자라고 생각하기 때문입니다. 그러나 하나님만이 심판자이십니다. 사람은 자기 인생의 경주에서 하나님께서 정해 주신 인생의 규칙들을 지켜 나가야 하는 선수일 뿐입니다.

세상의 모든 것을 감찰하시는 하나님, 생명 주시는 하나님, 심판자이신 하나님을 기억하고 사람을 사랑하고 존중하며 성실하게 살아가는 성도가 되기를 바랍니다.

나의 적용 ● ● ●

하나님께서 주신 것에
만족하는 인생에 행복이 있습니다

전도서 5장 10-12절

10 은을 사랑하는 자는 은으로 만족하지 못하고 풍요를 사랑하는 자는 소득으로 만족하지 아니하나니 이것도 헛되도다
11 재산이 많아지면 먹는 자들도 많아지나니 그 소유주들은 눈으로 보는 것 외에 무엇이 유익하랴
12 노동자는 먹는 것이 많든지 적든지 잠을 달게 자거니와 부자는 그 부요함 때문에 자지 못하느니라

❧　　　　은행에 많은 돈을 저축해 두었다 하더라도 찾아 써야 자기 것입니다. 현금을 손에 쥐기 전까지는 내 것이라 할 수 없습니다. 은행에 들어간 돈은 은행이 투자하고 싶은 곳에 마음대로 쓰기 때문입니다. 오늘 말씀은 많은 재물을 소유한 사람의 인생이 헛된 이유를 이야기합니다. 많은 재물만 소유한 것이 어째서 인생을 허무하게 할까요?

첫째, 재물이 인간의 욕망을 충족시키지 못하기 때문입니다(10절). 아무리 큰 부자도 가진 것에 만족하는 사람이 없습니다. 미국 최고의 부자였던 록펠러에게 한 기자

가 물었습니다. "미국에서 가장 큰 부자이신데 더 바라시는 것이 있으십니까?" 그가 대답합니다. "지금보다 조금만 더 부자가 되고 싶습니다." 소유에 대한 인간의 욕망은 만족함이 없기에 허무합니다.

둘째, 재물을 많이 모아도 쓸 시간이 없고 바쁘기만 하니 허무합니다(11절). 큰 사업을 하면 회사에 직원들이 많아집니다. 직원들은 사업에 대한 책임이 없습니다. 그저 할 일을 하고 월급만 받으면 만족입니다. 때로는 여가를 즐기기도 합니다. 그러나 소유주는 쉴 시간도 없이 바쁜 일정을 보내며 돈을 벌기 때문에 사실은 시간에 매인 노예와 같습니다. 벌기만 하고 누릴 줄 모르는 인생은 허무할 뿐입니다.

셋째, 많은 재물이 근심을 일으키니 허무합니다(12절). 노동자는 양식을 얻은 것으로 만족하고 하루 일과가 끝나면 쉼을 얻으며, 밤에도 편안한 맘으로 잠을 잡니다. 그러나 부자는 사업에 대한 고민, 정치, 경제적 상황에 대한 염려, 환경이 주는 스트레스 때문에 밤이 와도 잠을 청하지 못하고 뜬눈으로 밤을 새웁니다. 가진 재물을 어떻게 관리하고 유지하고 확장할까 생각하며 평안 없는 삶을 사니 인생이 허무해집니다.

인간의 참된 행복은 소유의 많고 적음에 있지 않습니다. 하는 일로 인해 즐거움을 얻고 적절한 여가와 쉼을 얻을 수 있는 삶이면 족합니다. 많은 것을 소유하고자 하는 욕망을 버리고 하나님께서 주신 것에 감사하고 만족하는 삶으로 진정한 행복을 누리는 성도가 되기를 바랍니다.

나의 적용 • • •

불의한 재물은
인생의 독약입니다

전도서 5장 13-17절

13 내가 해 아래에서 큰 폐단 되는 일이 있는 것을 보았나니 곧 소유주가
재물을 자기에게 해가 되도록 소유하는 것이라

14 그 재물이 재난을 당할 때 없어지나니 비록 아들은 낳았으나 그 손
에 아무것도 없느니라

15 그가 모태에서 벌거벗고 나왔은즉 그가 나온 대로 돌아가고 수고하
여 얻은 것을 아무것도 자기 손에 가지고 가지 못하리니

16 이것도 큰 불행이라 어떻게 왔든지 그대로 가리니 바람을 잡는 수
고가 그에게 무엇이 유익하랴

17 일평생을 어두운 데에서 먹으며 많은 근심과 질병과 분노가 그에게
있느니라

사람이 재물을 모으는 이유는 미래를 준비
하기 위해서입니다. 장차 무슨 일이 벌어질지 모르기 때
문에 필요할 때에 사용할 재물을 모읍니다. 그러나 정직
하게 모은 재물은 힘이 되어도 불의한 재물은 오히려 재
난이 될 수 있습니다. 사람이 자기에게 해가 되도록 재물
을 모았다는 것은 불의한 재물을 쌓은 것을 의미합니다(13
절). 불의한 재물이 무익한 이유는 무엇일까요?

첫째, 그 불의함이 밝혀지는 순간 모조리 사라져 버리기 때문입니다(14절). 불의로 많은 재물을 쌓았다면 그 많은 재물은 그 사람의 죄가 얼마나 많은가를 밝히는 증거가 됩니다. 법정에서 그의 재물이 얼마나 많은가가 드러나면 재물은 모조리 몰수되고 그에 따라 형량이 늘어날 뿐입니다. 그런데도 자기는 안전할 것이라고 생각하며 불의의 재물을 모으려고 갖은 노력을 하니 그 인생이 허무한 것입니다.

둘째, 빈손으로 왔다 빈손으로 가는 인생이니 허무할 뿐입니다(15절). 설령 그의 불의가 생전에 밝혀지지 않았다 하더라도 인생은 허무해집니다. 수고하여 모은 재물은 죽을 때에 한 푼도 가져갈 수 없고, 불의한 재물을 자녀들이 상속받으면 부끄러운 재물이 되고 맙니다. 차후에 아버지의 비리가 밝혀지면 자녀들은 아버지의 수치를 무릅쓰고 죄인의 자손이라는 주홍글씨를 새기고 평생을 살아야 합니다. 자기에게도 자녀들에게도 전혀 도움이 되지 않습니다.

셋째, 불의한 재물은 평생의 근심거리가 됩니다(17절). 불의로 재물을 쌓은 인생은 평생을 어두운 데에서 살다가 가게 됩니다. 불의의 재물은 언제 터질지 모르는 인생의 시한폭탄과 같아서 그것을 소유한 사람은 염려와 근심으로 살게 됩니다. 자기 재물을 지키기 위해 날마다 근심하니 스트레스로 병들고, 자기 비리를 밝히려는 사람이 있으면 그를 공격하고 분노하며 살게 됩니다.

불의한 재물은 인생의 독약입니다. 그러나 정직하게 성실하게 일해서 모은 재물은 인생의 보람과 기쁨이 됩니다. 불의한 재물에 마음을 두지 말고, 하나님께 소망을 두며 성실하게 살아가는 성도가 되기를 바랍니다.

나의 적용 • • •

하나님의 은혜 안에
참된 자유가 있습니다

전도서 5장 18-20절

18 사람이 하나님께서 그에게 주신 바 그 일평생에 먹고 마시며 해 아래에서 하는 모든 수고 중에서 낙을 보는 것이 선하고 아름다움을 내가 보았나니 그것이 그의 몫이로다
19 또한 어떤 사람에게든지 하나님이 재물과 부요를 그에게 주사 능히 누리게 하시며 제 몫을 받아 수고함으로 즐거워하게 하신 것은 하나님의 선물이라
20 그는 자기의 생명의 날을 깊이 생각하지 아니하리니 이는 하나님이 그의 마음에 기뻐하는 것으로 응답하심이니라

❧　　　사람은 어떤 환경에서든지 두 종류의 마음으로 살아갈 수 있습니다. 하나님의 은혜를 힘입은 사람은 어려운 상황 속에서도 참된 자유자로 살아가고, 그 은혜 안에 거하지 못하는 사람은 삶이 아무리 풍요로와도 노예 같은 인생을 살아가게 됩니다. 그러면 하나님의 은혜 안에 살아가는 사람들이 누리는 인생의 즐거움은 무엇일까요?

첫째, 노동의 즐거움을 누리며 살아갑니다(18절). 세상

에는 생계의 문제를 해결하기 위해 괴롭고 고통스러워도 어쩔 수 없이 일하는 사람들이 많습니다. 이런 인생은 돈을 많이 벌어도 괴롭고 못 벌면 더 괴롭습니다. 일에 매여 노예처럼 살기 때문입니다. 그러나 하나님의 은혜를 힘입어 일하는 사람은 무슨 일을 하든지 자발성으로 행하며 만족감과 기쁨을 누리게 됩니다.

둘째, 수고의 대가를 선물로 주십니다(19절). 같은 일을 해도 수고하고 노력했지만, 허사가 되어 슬퍼하는 사람이 있고, 수고의 열매를 거두어서 기쁨을 누리는 사람이 있습니다. 하나님은 자기 백성들의 노고가 헛되지 않도록 도와주십니다. 그래서 수고하고 무거운 짐을 내려놓게 하시고 수고하고 노력한 일에 대한 보상으로 재물과 부요를 선물로 주셔서 누리게 하십니다.

셋째, 마음의 소원을 이루어 주십니다(20절). 인생에는 수많은 고통거리가 있습니다. 취업과 진로, 사업, 건강, 가정의 문제, 인간관계, 사람들이 얼마나 많은 환경과 상황에 매여 고통을 당하며 살아가는지 모릅니다. 이런 상황 속에서 어떤 사람은 관계의 노예로, 어떤 사람은 재물의 노예로, 어떤 사람은 건강의 노예로 살아갑니다. 그러나 하나님의 은총을 입은 사람은 마음의 소원을 이루시는 은혜로 그 무엇에도 얽매이지 않고 늘 감사와 기쁨으로 살아갑니다.

하나님의 은혜를 누리는 사람이 참된 자유자입니다. 우리의 기도에 신실하게 응답하시는 하나님만 구하며 허무한 인생 가운데서도 참된 자유자로 살아가는 성도가 되기를 바랍니다.

나의 적용 ● ● ●

6장

오직 하나님이
진정한 행복의 근원이십니다

전도서 6장 1–6절

1 내가 해 아래에서 한 가지 불행한 일이 있는 것을 보았나니 이는 사람의 마음을 무겁게 하는 것이라

2 어떤 사람은 그의 영혼이 바라는 모든 소원에 부족함이 없어 재물과 부요와 존귀를 하나님께 받았으나 하나님께서 그가 그것을 누리도록 허락하지 아니하셨으므로 다른 사람이 누리나니 이것도 헛되어 악한 병이로다

3 사람이 비록 백 명의 자녀를 낳고 또 장수하여 사는 날이 많을지라도 그의 영혼은 그러한 행복으로 만족하지 못하고 또 그가 안장되지 못하면 나는 이르기를 낙태된 자가 그보다는 낫다 하나니

4 낙태된 자는 헛되이 왔다가 어두운 중에 가매 그의 이름이 어둠에 덮이니

5 햇빛도 보지 못하고 또 그것을 알지도 못하나 이가 그보다 더 평안함이라

6 그가 비록 천 년의 갑절을 산다 할지라도 행복을 보지 못하면 마침내 다 한 곳으로 돌아가는 것뿐이 아니냐

사람들은 행복을 위해 부와 명예와 권력을 소유하려고 노력합니다. 그러나 그 모든 것을 가져도 인생이 진정으로 행복하지는 않습니다. 진정한 행복의 근원은 오직 하나님 한 분이시기 때문입니다. 오늘 말씀은 많

은 것을 소유해도 인생의 허무함에 빠지게 되는 세 가지 경우를 이야기하고 있습니다.

첫째, 부를 소유했으나 누리지 못하는 인생입니다(2절). 세상에는 하나님께서 많은 재물을 주셔서 부하고 존귀하게 되었으나 자신은 정작 그 부요함을 누리지 못하는 사람들이 있습니다. 구두쇠 같은 사람들은 부자면서도 자기도 불행하고 가족도 불행하게 만듭니다. 모을 줄만 알고 쓰고 누릴 줄 모르는 마음은 인생을 불행하게 만드는 악한 질병과 같습니다.

둘째, 만족할 줄 모르는 인간의 욕망입니다(3절). 고대 사회에서 다산은 축복의 상징이었습니다. 만약 고대사회에서 백 명의 자녀를 낳았다면 장수했다는 것을 의미하고, 자녀들의 노동력으로 농사를 하든 사업을 하든 크게 성공할 수 있기 때문입니다. 그러나 그런 축복을 받고도 감사하고 만족할 줄 모르면 불행할 수밖에 없습니다. 인생의 행복은 소유의 넉넉함에 있는 것이 아니라 만족하고 감사할 줄 아는 삶에 있습니다.

셋째, 장수를 했어도 끝이 좋지 못한 인생입니다(6절). 인생의 마지막이 불행해진다면 그 사람은 차라리 낙태된 자만도 못하다 할 수 있습니다(4절). 낙태된 자는 태에서 죽어 나오기 때문에 아무것도 알지 못하고, 인생의 고통을 전혀 겪지 않고 세상을 떠나기 때문입니다. 장수해서 부를 누리고 살았다 하더라도 노년에 지독한 병이 들어 고생고생하다 세상을 떠난다면 천 년의 갑절을 살아도 불행하다는 것입니다.

진정한 행복은 하나님께서 허락하셔야 누릴 수 있습니다. 하나님의 은혜 안에서 양육 간의 강건함과 삶의 평안함을 누리며 진정한 행복을 소유하고 살아가는 성도가 되기를 바랍니다.

나의 적용 • • •

바른 생각, 바른 목표를 가지고 살아야 합니다

전도서 6장 7-9절

7 사람의 수고는 다 자기의 입을 위함이나 그 식욕은 채울 수 없느니라

8 지혜자가 우매자보다 나은 것이 무엇이냐 살아 있는 자들 앞에서 행할 줄을 아는 가난한 자에게는 무슨 유익이 있는가

9 눈으로 보는 것이 마음으로 공상하는 것보다 나으나 이것도 헛되어 바람을 잡는 것이로다

하나님은 세상 모든 사람을 목적에 맞게 창조하셨습니다. 그러나 사람들은 기억 상실증에 걸린 것처럼 하나님의 창조 목적을 잊어버리고 자기 마음대로 자기 생각대로 살아갑니다. 그래서 더 고귀하고 가치 있는 인생을 살아갈 수 있음에도 세속적이고 허무한 삶을 살게 됩니다. 그러면 창조의 목적에 맞게 인생을 살아가는 지혜는 무엇일까요?

첫째, 생존이 아니라 사명을 위해 살아야 합니다(7절). 사람이 인생에서 많은 수고를 해도 그것이 단지 식욕을 채우기 위한 수고일 뿐이라면 채울 수 없는 식욕을 따라

동물 같은 본능으로 사는 허무한 인생이 됩니다. 그러나 나의 수고와 노력이 주신 사명을 성취해 나가는 과정이 될 때에 지금 살아 숨 쉬고 있다는 사실 자체가 하나님께 영광이 되는 거룩한 인생이 됩니다.

둘째, 하나님께서 주신 은사를 하나님 나라를 위해 사용해야 합니다(8절). 지혜자나 우매자나 세속적인 가치를 추구하며 산다면 허무한 인생이 되는 것은 다를 바가 없습니다. 또한 가난한 지혜자가 자기 지혜로 무엇을 행하려 하면, 사람들은 그의 지혜를 이용하여 자기 유익을 추구할 뿐, 그가 무슨 이익을 얻도록 내버려 두지 않습니다. 그러나 가난한 자의 지혜라도 하나님 나라를 위해 온전히 드리면 그의 지혜로 인해 모든 사람이 함께 유익을 누리게 하십니다.

셋째, 바른 생각, 바른 목표를 가지고 살아가야 합니다(9절). 눈으로 보는 것이 공상하는 것보다 낫다는 것은 현실에서 붙잡을 수 있는 것을 놓쳐서는 안 된다는 뜻입니다. 자기의 계획이나 생각이 장차 이익이 될 것 같아도 실제로는 바람 잡는 것과 같고 실현되지 않는 경우가 많습니다. 그러나 하나님께서 확실한 것을 보여 주실 때에 바른 생각과 바른 목표로 그것을 이루어 가면 보여 주신 모든 것이 현실이 되는 기적을 체험하게 됩니다.

하나님께서 주신 비전을 바른 생각과 목표를 가지고 온전히 성취하며 가치 있는 인생을 살아가는 성도가 되기를 바랍니다.

나의 적용 ● ● ●

창조적인 지혜가
세상을 이깁니다

전도서 6장 10-12절

10 이미 있는 것은 무엇이든지 오래 전부터 그의 이름이 이미 불린 바
되었으며 사람이 무엇인지도 이미 안 바 되었나니 자기보다 강한
자와는 능히 다툴 수 없느니라

11 **헛된 것을 더하게 하는 많은 일이 있나니 그것이 사람에게 무슨 유익**
이 있으랴

12 헛된 생명의 모든 날을 그림자 같이 보내는 일평생에 사람에게 무
엇이 낙인지를 누가 알며 그 후에 해 아래에서 무슨 일이 있을 것
을 누가 능히 그에게 고하리요

오늘 이 시대는 4차 산업혁명을 이야기하
면서 다양한 분야의 지식과 정보를 결합시켜 효율적인 생
산과 판매를 이루고자 하는 시도가 일어나고 있습니다.
그래서 최신 정보의 상호 교류가 가장 큰 힘이 되는 시대
가 되었습니다. 그러나 인간의 지식에는 한계가 있습니
다. 그 지식의 한계는 무엇일까요?

첫째, 인간의 지식은 창조가 아닌 모방입니다(10절). 하
나님은 세상의 모든 것을 다 알고 계시지만, 인간의 지식

은 언제나 부분적입니다. 그래서 인간은 단지 하나님께서 정해놓으신 자연의 원리와 법칙을 활용할 수 있을 뿐입니다. 하나님은 하나님을 전심으로 의지하는 사람에게 세상 사람들이 생각할 수 없는 탁월한 창조성을 부어 주셔서 세상을 이기게 하십니다.

둘째, 인간의 지식은 지식에 지식을 더해도 참된 행복을 주지 못합니다(11절). 세상 지식은 많이 알면 알수록 이성적이고 합리적인 사람이 되게 하지만, 그 지적 능력으로 하나님을 대적하니 헛된 것에 헛된 것을 더할 뿐입니다. 하나님을 대적하는 세속적인 지식은 사람에게 아무런 유익이 되지 못하지만, 성경적 가치관을 가지고 세상의 지식을 정복해 가는 사람은 많은 사람들을 유익하게 하는 참된 지혜자가 됩니다.

셋째, 사후에 일어날 일을 알 수 없습니다(12). 세상 모든 문명은 죽음의 문제를 해결하지 못했습니다. 유한한 인간이 영원의 세계를 알 수 없기 때문입니다. 인간의 한계는 인생을 살아가는 동안 미래를 전혀 예측할 수 없고, 사후에 무슨 일이 일어날지 전혀 알 수 없다는 데에 있습니다. 그러나 영원하신 하나님을 신뢰하는 사람은 유한한 인생의 한계에서 벗어나 영생의 소망을 가지고 보람된 인생을 살아갈 수 있습니다.

영원하신 하나님, 전지전능하신 하나님께 나아가 하나님 주시는 창조적인 지혜로 세속적 지식의 한계를 넘어서는 삶을 살아가는 성도가 되기를 바랍니다.

나의 적용 • • •

7장

인생의 마지막 날을
준비해야 합니다

전도서 7장 1-4절

1 좋은 이름이 좋은 기름보다 낫고 죽는 날이 출생하는 날보다 나으며
2 초상집에 가는 것이 잔칫집에 가는 것보다 나으니 모든 사람의 끝이
  이와 같이 됨이라 산 자는 이것을 그의 마음에 둘지어다
3 슬픔이 웃음보다 나음은 얼굴에 근심하는 것이 마음에 유익하기 때
  문이니라
4 **지혜자의 마음은 초상집에 있으되 우매한 자의 마음은 혼인집에 있느
  니라**

    사람은 관심을 어디에 두느냐에 따라 삶의
태도가 달라집니다. 지혜자는 항상 마음을 초상집에 둡니
다. 그래서 나도 인생을 마무리하고 하나님의 심판대 앞
에 설 날이 곧 올 것이라 생각하여 인생을 허비하지 않습
니다. 그러나 우매한 자는 혼인집에 마음을 두어 '인생 뭐
있어? 기회가 있을 때에 신나게 놀면서 즐기는 거지?' 하
며 방탕하게 살다가 갑작스러운 종말을 맞이합니다. 그러
면 초상집에 마음을 두는 지혜자의 마음은 무엇일까요?

    첫째, 영생의 소망으로 인내하는 삶입니다(1절). 좋은

이름이 좋은 기름보다 나은 이유는 좋은 기름은 사용하면 없어지지만, 좋은 이름은 사람이 죽은 후에도 시대가 그를 기억하고 존중해 주기 때문입니다. 또한 죽는 날이 출생하는 날보다 좋은 이유는 죽는 날은 인생의 고통이 끝나는 날이고 출생하는 날은 인생의 고통이 시작되는 날이기 때문입니다. 그래서 영생의 소망을 둔 사람은 선한 일에 힘쓰며 하나님 만날 날을 준비합니다.

둘째, 인생의 마지막 날을 생각하며 살아갑니다(2절). 하나님 만날 날을 준비하는 사람은 마땅히 성실한 삶을 살아가게 됩니다. 늘 영적 긴장감을 유지하며 가장 멋진 모습으로 하나님 만날 날을 준비하고 싶기 때문입니다. 마치 사랑하는 애인 만날 날을 준비하는 연인처럼 내적인 아름다움으로 단장합니다. 그리고 믿음의 열매를 가득 안고 하나님 만날 날을 기대하며 살아갑니다.

셋째, 늘 베푸는 삶을 살아갑니다(3절). 초상집에 마음을 두고 인생의 마지막을 준비하는 사람은 소유에 집착하지 않습니다. 인생을 즐기는 것보다 자신을 성찰하는 삶을 살려 하기에 얼굴에는 근심이 있는 것처럼 보입니다. 그러나 그 근심이 세상 염려가 아니라 거룩하게 살고자 하는 열망에서 나오기에 날마다 영적 성장을 이루어 갑니다. 그래서 늘 베풀고 섬기며 선한 일에 열심을 다하는 사람이 됩니다.

성도는 영생의 소망 가운데 신랑 되신 예수님을 만날 날을 준비하는 거룩한 신부입니다. 주님 만날 날을 기대하며 주어진 삶에 최선을 다하고 늘 베푸는 삶을 살아가는 성도가 되기를 바랍니다.

[나의 적용] ● ● ●

우매한 자들의 노래를 멀리해야 합니다

전도서 7장 5-7절

5 지혜로운 사람의 책망을 듣는 것이 우매한 자들의 노래를 듣는 것보다 나으니라
6 우매한 자들의 웃음 소리는 솥 밑에서 가시나무가 타는 소리 같으니 이것도 헛되니라
7 탐욕이 지혜자를 우매하게 하고 뇌물이 사람의 명철을 망하게 하느니라

고대 근동지역에서는 나무가 귀했습니다. 그래서 지푸라기나 가시나무조차도 땔감으로 사용했습니다. 솥 밑에서 타는 가시나무는(6절) 소리도 요란하고 강하게 타오르는 것 같지만, 얼마 가지 않아서 사그라져버리기에 음식을 만드는 데 아무 도움이 되지 못했습니다. 인생에서도 도움이 될 것 같지만 타는 가시나무처럼 소리만 요란한 것이 있습니다. 그런 것들은 무엇일까요?

첫째, 우매한 자의 노래입니다(6절). 우매한 자의 노래란 그럴듯한 아첨과 감언이설을 의미합니다. 우매한 자의 노래는 듣는 사람의 마음을 즐겁게 하는 것 같으나 인생

에 전혀 도움이 되지 않습니다. 우매한 자들의 칭찬과 격려보다 지혜로운 자의 따끔한 책망 한 마디를 마음에 새길 줄 아는 사람이 인격이 성숙하게 되며 인생에서 바른 길을 갑니다.

둘째, 탐욕이 지혜자를 우매하게 만듭니다(7a절). 지혜로운 사람은 자기 마음을 다스릴 줄 아는 사람입니다. 지혜로운 사람도 탐욕으로 평정심을 잃어버리면 조급한 마음에 바른 선택을 할 수 없습니다. 단기적으로 많은 이익을 남길 수 있는 일은 도박성이 강하고 위험부담이 큰 경우가 많기 때문에 시간이 좀 걸리더라도 안정적이고 확실한 일을 붙잡을 줄 알아야 합니다. 아무리 지혜로운 사람도 탐욕이 눈을 가리면 위험부담이 많은 일에 뛰어들었다가 낭패를 보게 됩니다.

셋째, 뇌물이 명철한 사람을 망하게 합니다(7b절). 뇌물을 받을 때에는 물질적으로 자기에게 유익이라 생각해서 받지만, 뇌물을 받는 순간 사람은 부정을 저지르게 됩니다. 뇌물을 준 사람이 저지른 옳지 못한 일을 책망하지 못하고, 자기의 권한을 남용하거나 직무유기를 해서 범행의 동조자 또는 방관자가 됩니다. 그래서 지혜로운 사람은 절대 뇌물을 받지 않습니다.

우매자의 노래에 귀를 기울이면 인생이 불행해집니다. 악한 탐심과 뇌물을 멀리하고 진리의 말씀에 귀를 기울여 살아감으로 하나님 주시는 지혜와 명철로 형통한 삶을 누리는 성도가 되기를 바랍니다.

나의 적용 • • •

하나님의 최선이
우리와 함께합니다

전도서 7장 8–10절

8 일의 끝이 시작보다 낫고 참는 마음이 교만한 마음보다 나으니
9 급한 마음으로 노를 발하지 말라 노는 우매한 자들의 품에 머무름이
   니라
10 옛날이 오늘보다 나은 것이 어찜이냐 하지 말라 이렇게 묻는 것은 지
   혜가 아니니라

❧　　　　　하나님은 아침마다 새롭게 우리 심령에 말
씀해 주시는 분이십니다. 그리고 하나님께서 하실 수 있
는 최선을 다해서 우리를 사랑해 주시는 분이십니다. 그
래서 믿음의 길을 가는 사람은 항상 어제보다 나은 오늘
을 살아갈 수 있습니다. 하루하루 하나님의 최선이 그의
삶에 더해지고 있기 때문입니다. 그러면 하나님의 최선을
누리는 삶은 어떤 삶일까요?

　첫째, 끝이 좋은 인생입니다(8절). 하나님은 마땅히 행
할 길로 우리의 삶을 인도해 주십니다(사 47:17). 그래서
우리 인생에 많은 우여곡절과 고난이 있지만 결국에는 가

장 선한 결과를 우리 삶에 예비해 주십니다. 무슨 일을 하든지 시작이 아무리 즐겁고 좋아도 결과가 나쁘면 불행합니다. 그러나 많은 고난이 있어도 좋은 결론을 맺으면 지나온 고난은 감사와 기쁨으로 바뀌고 인생은 행복해집니다.

둘째, 인내할 줄 아는 인생입니다(9절). 억지로 참아내는 것이 아니라 하나님의 역사하심을 믿으며 인내합니다. 그래서 현재의 상황과 환경이 좋지 못해도 소망 가운데 즐거워하고, 어떤 상황에서도 쉽게 분노하지 않습니다. 우매한 자는 믿음이 없고 교만하여 분노하고 참지 못하나 지혜로운 자는 자신의 모든 상황을 아시고 최선을 다해 도우시는 하나님을 신뢰하기 때문에 겸손한 마음으로 인내합니다.

셋째, 날마다 성장하고 성숙하는 인생입니다(10절). 현재의 삶에 만족하지 못하는 사람은 늘 과거를 자랑하며 과거의 추억으로 자존감을 세우려 합니다. 그러나 하나님의 최선을 믿는 사람은 지금의 부족함으로 인해 과거를 그리워하지 않습니다. 심지어 부와 명예와 권력을 다 잃었다 하더라도 주님께서 동행하시는 삶으로 인해 기뻐하고 만족합니다. 고난 중에 돈으로 환산할 수 없는 신령한

복을 셀 수 없이 많이 받았기 때문입니다.

　최선으로 우리를 사랑하시고 도우시는 하나님의 은혜 안에서 범사에 평강을 누리는 성도가 되기를 바랍니다.

나의 적용 ● ● ●

형통함도 곤고함도
영적 성장의 기회입니다

전도서 7장 11–14절

11 지혜는 유산 같이 아름답고 햇빛을 보는 자에게 유익이 되도다
12 지혜의 그늘 아래에 있음은 돈의 그늘 아래에 있음과 같으나, 지혜
   에 관한 지식이 더 유익함은 지혜가 그 지혜 있는 자를 살리기 때
   문이니라
13 하나님께서 행하시는 일을 보라 하나님께서 굽게 하신 것을 누가
   능히 곧게 하겠느냐
14 형통한 날에는 기뻐하고 곤고한 날에는 되돌아 보아라 이 두 가지를
   하나님이 병행하게 하사 사람이 그의 장래 일을 능히 헤아려 알지 못
   하게 하셨느니라

우리 인생에는 형통한 날도 있고 곤고한
날도 있습니다. 무슨 일이 좀 잘 된다고 사람이 교만해서
도 안 되고, 어려운 날이 찾아왔다고 너무 낙심하고 좌절
할 필요도 없습니다. 이 두 가지는 하나님께서 우리의 믿
음을 연단하시는 방법이기 때문입니다. 그러면 형통한 날
에나 곤고한 날에나 우리에게 필요한 참된 지혜는 무엇일
까요?

첫째, 세속적인 지혜가 아니라 위로부터 말미암은 지혜

입니다(12절). 하나님께서 주시는 지혜는 부모님이나 조상으로부터 물려받은 유산보다 우리 인생을 더욱 유익하게 합니다(11절). 왜냐하면, 유산은 쓰면 없어지지만, 지혜는 사용할수록 풍성해지며 지혜 있는 자에게 생명이 되기 때문입니다. 위로부터 난 지혜는 거짓이 없고 성결하며 긍휼과 선한 열매를 가득히 맺게 하여 화평케 하는 자로 살아가게 합니다(약 3:17-18).

둘째, 인생에 주신 형통함으로 인해 기뻐하는 삶입니다(14a절). 형통한 날에 교만한 마음을 품어서는 안 됩니다. 하나님께서 주신 은혜로 복이 임한 것인데 감사할 줄 모르고 교만해지면 은혜를 거두어 가시고 곤고함을 주시기 때문입니다. 지혜로운 사람은 형통한 날에 교만하지 않고 주신 은혜로 인해 기뻐하고 감사합니다. 그러면 하나님은 감사하는 사람에게 또 다른 감사 제목을 주십니다.

셋째, 곤고한 날이 왔을 때에 자신을 돌아볼 줄 아는 삶입니다(14b절). 지혜로운 사람은 곤고한 날을 영적 성장의 기회로 삼습니다. 곤고함이 자기 죄로 인해 찾아온 것인지, 하나님께서 연단하시려고 주신 고난인지를 정직한 마음으로 돌아봅니다. 그래서 회개할 것은 회개하고, 순종해야 할 것에는 순종하며 하나님의 선하심을 믿고 의지합

니다. 이런 지혜는 영혼을 살리고 하나님의 선하신 뜻을
이루는 능력이 됩니다.

형통함이든 곤고함이든 그 모든 상황이 영적 성장을 위
한 기회입니다. 오늘도 위로부터 말미암은 지혜로 삶을
바르게 분별하고 의의 열매를 가득히 맺으며 살아가는 성
도가 되기를 바랍니다.

나의 적용 • • •

자기 의를 버리고
하나님 주시는 의로 살아야 합니다

전도서 7장 15-18절

15 내 허무한 날을 사는 동안 내가 그 모든 일을 살펴 보았더니 자기의 의로움에도 불구하고 멸망하는 의인이 있고 자기의 악행에도 불구하고 장수하는 악인이 있으니

16 지나치게 의인이 되지도 말며 지나치게 지혜자도 되지 말라 어찌하여 스스로 패망하게 하겠느냐

17 지나치게 악인이 되지도 말며 지나치게 우매한 자도 되지 말라 어찌하여 기한 전에 죽으려고 하느냐

18 너는 이것도 잡으며 저것에서도 네 손을 놓지 아니하는 것이 좋으니 하나님을 경외하는 자는 이 모든 일에서 벗어날 것임이니라

사람은 완전히 의로울 수도 완전히 불의할 수도 없는 존재입니다. 그래서 사람이 너무 의롭게 살려고 하면 많은 사람의 미움을 사게 되고, 너무 악한 자가 되면 그 악으로 인해 멸망을 자초하게 됩니다. 결국 지나치게 의로운 사람이든 지나치게 악한 사람이든 빨리 망하게 되는 것은 마찬가지입니다. 그러면 의로운 마음으로 평탄한 인생을 살아가는 길은 무엇일까요?

첫째, 스스로 의로운 자가 되려 하지 말고, 하나님의 의

를 구해야 합니다(16절). 자기 의를 주장하는 사람은 남을 정죄하여 자기 의를 드러내려 합니다. 자기 의를 추구하는 자아의 강한 욕구가 다른 사람들은 모조리 죄인으로 만들어 버리니 미움을 살 수밖에 없습니다. 그러나 하나님의 의를 힘입은 사람은 자신의 죄인 됨을 알기에 남을 정죄하지 않고 겸손한 삶을 살아갑니다.

둘째, 죄에는 심판이 있음을 기억해야 합니다(17절). 인간이 만든 세상 법에도 범죄 행위에 대한 처벌 기준이 있습니다. 하물며 완전한 선이신 하나님이 죄에 대해 심판하시면 그 앞에 설 수 있는 의인은 아무도 없습니다. 사람이 범죄하는 이유는 불의한 이익을 탐하거나 감정을 다스리지 못하기 때문입니다. 그러나 죄에 대한 준엄한 심판이 있음을 기억할 때에 죄의 길에서 벗어날 수 있습니다.

셋째, 하나님을 경외하는 마음으로 살아야 합니다(18절). 하나님을 사랑하고 두려워할 줄 아는 사람은 자기 의에 사로잡히거나, 죄의 길에 빠지지 않습니다. 그래서 지나치게 의인이 되려 하지 않고, 지나치게 악인이 되려 하지도 않습니다. 하나님의 은혜로 의로운 삶을 살아가며 너무 의롭거나 너무 악해서 자기 생명을 재촉하는 모순에 빠지지 않습니다.

죄의 본성을 가지고 살면서도 의롭다 인정받으려는 자아의 이기적인 욕구를 죽이고, 하나님께서 주시는 의로 인생의 모순에서 벗어나 언제나 선한 길을 가는 성도가 되기를 바랍니다.

나의 적용 • • •

올바른 인간 이해가
마음의 평정심을 갖게 합니다

전도서 7장 19–22절

19 지혜가 지혜자를 성읍 가운데에 있는 열 명의 권력자들보다 더 능력
   이 있게 하느니라
20 선을 행하고 전혀 죄를 범하지 아니하는 의인은 세상에 없기 때문
   이로다
21 또한 사람들이 하는 모든 말에 네 마음을 두지 말라 그리하면 네
   종이 너를 저주하는 것을 듣지 아니하리라
22 너도 가끔 사람을 저주하였다는 것을 네 마음도 알고 있느니라

❦　　　　　고대사회에서 전쟁을 할 때에는 병력보다
도 전술이 중요했습니다. 아무리 많은 병력을 보유하고
있어도 훌륭한 전술을 펼치는 모사가 없으면 전쟁에서 승
리하기가 어려웠습니다. 그래서 솔로몬은 지혜가 지혜자
를 성읍 가운데 있는 열 명의 참모들보다 더 능력이 있게
한다고 하였습니다(19절). 지혜로 성을 지키는 것만큼 어
려운 것은 사람이 마음을 지켜나가는 것입니다. 그러면
마음을 지켜나가기 위한 지혜는 무엇일까요?

　첫째, 모든 사람이 죄인이라는 사실을 인정해야 합니

다(20절). 누군가가 나를 실망시켰다고 너무 낙심할 필요가 없습니다. 바울 사도는 로마서에서 모든 사람이 죄를 범하였으매 하나님의 영광에 이르지 못하였다고 하였습니다(롬 3:23). 인간의 죄인 됨을 인정할 때에 선한 사람의 범죄로 인해 상처받지 않고, 악인의 범죄로 인해 분노하지 않습니다. 인간은 본래 온전히 선할 수 없는 죄인이기 때문입니다.

둘째, 타인의 말에 흔들리지 않는 마음으로 살아야 합니다(21절). 남의 말에 마음이 흔들리기 시작하면 나중에는 천한 종들이 저주하는 말에도 분노하는 어리석은 사람이 됩니다. 귀가 두 개인 것은 양쪽으로 다 듣되 쓸모없는 말은 한쪽으로 흘려보내라는 의미라고 합니다. 마음에 담아둘 말과 흘려 버려야 할 말을 가릴 줄 아는 것이 지혜입니다.

셋째, 나도 다른 사람과 다를 바 없는 연약한 인간임을 알아야 합니다(22절). 다른 사람이 죄를 지으면 분노하면서도 나의 잘못이나 실수에 대해서는 관용적인 것이 사람의 마음입니다. 누군가가 잘못했을 때에 나도 그와 똑같은 연약한 사람임을 인정하면 그를 용서하고 이해해 줄 수 있습니다. 분노하고 정죄하는 마음은 원수를 만들고,

이해하고 용서하는 마음은 사람을 얻습니다.

마음을 바르게 다스릴 줄 아는 사람이 참된 지혜자입니다. 남의 말에 쉽게 흔들리지 않는 평정심과 인간의 죄인됨을 인정할 줄 아는 겸손한 마음으로 하나님 앞에서 선하고 온전한 삶을 살아가는 성도가 되기를 바랍니다.

나의 적용 ・ ・ ・

자기 지혜를
과신하지 말아야 합니다

전도서 7장 23-29절

23 내가 이 모든 것을 지혜로 시험하며 스스로 이르기를 내가 지혜자가 되리라 하였으나 지혜가 나를 멀리 하였도다

24 이미 있는 것은 멀고 또 깊고 깊도다 누가 능히 통달하랴

25 내가 돌이켜 전심으로 지혜와 명철을 살피고 연구하여 악한 것이 얼마나 어리석은 것이요 어리석은 것이 얼마나 미친 것인 줄을 알고자 하였더니

26 마음은 올무와 그물 같고 손은 포승 같은 여인은 사망보다 더 쓰다는 사실을 내가 알아내었도다 그러므로 하나님을 기쁘게 하는 자는 그 여인을 피하려니와 죄인은 그 여인에게 붙잡히리로다

27 전도자가 이르되 보라 내가 낱낱이 살펴 그 이치를 연구하여 이것을 깨달았노라

28 내 마음이 계속 찾아 보았으나 아직도 찾지 못한 것이 이것이라 천 사람 가운데서 한 사람을 내가 찾았으나 이 모든 사람들 중에서 여자는 한 사람도 찾지 못하였느니라

29 내가 깨달은 것은 오직 이것이라 곧 하나님은 사람을 정직하게 지으셨으나 사람이 많은 꾀들을 낸 것이니라

하나님은 사람이 정직하게 살도록 창조하셨습니다. 그러나 사람의 호기심은 생각과 행동이 정직한 삶에서 벗어나게 하고 죄의 길을 가게 만들었습니다. 말

씀을 따라 단순하게 살아야 하는데 생각이 너무 많으니까 죄를 짓게 합니다. 그러면 죄의 유혹을 이기고 정직한 길을 가기 위한 건강한 가치관은 무엇일까요?

첫째, 자신의 지혜를 과신하지 말아야 합니다(23절). 솔로몬은 자기 지혜를 너무 과신해서 어리석은 생각을 하게 됩니다. 자기가 아무리 죄를 지어 상황이 악화되어도 자기 지혜로 그 상황에서 벗어날 수 있을 것이라고 생각한 것입니다. 그러나 사람이 아무리 지혜로워도 죄에 오염되어 죄가 삶을 지배하기 시작하면 지혜가 그를 떠나버립니다. 죄로 인해 이성의 기능이 마비되면 지혜를 올바르게 사용할 수 없기 때문입니다.

둘째, 죄를 경험으로 아는 것과 머리로 아는 것은 완전히 다른 일입니다(25절). 죄를 머리로 안다는 것은 죄를 지으면 어떤 결과가 생긴다는 사실을 간접적인 경험으로 아는 것입니다. 그러나 아무리 지혜로운 사람도 죄를 직접적인 행위를 통해 알게 되면 감정에 상처가 생기고, 이성적 판단력이 흐려지게 됩니다. 그래서 죄에 대한 호기심을 가져서는 안 됩니다. 죄에 대해 알아보겠다고 의도적으로 죄를 짓는 것은 너무 무모하고 어리석은 행위이기 때문입니다.

셋째, 언제나 성적인 유혹을 경계해야 합니다(26절). 사람의 이성을 무너뜨리는 가장 무서운 적은 성적인 유혹입니다. 그래서 악한 마귀가 사람을 타락하게 만드는데 사용하는 가장 손쉬운 방법이 성적인 유혹입니다. 지혜의 사람 솔로몬이 우상숭배에 빠지게 되었던 근본적인 원인도 정략결혼을 통해 이방 여인들을 아내로 맞은 데에 있습니다. 솔로몬은 인생의 마지막에서야 하나님을 기쁘게 하는 사람은 마음이 올무 같고 손은 포승 같은 여인에게서 벗어난다는 사실을 깨달았습니다.

죄는 절대 경험적으로 알 필요가 없습니다. 언제나 말씀에 순종하여 하나님을 기쁘시게 하는 일에 힘씀으로 죄에서 벗어나 바르고 정직한 삶을 살아가는 성도가 되기를 바랍니다.

나의 적용 • • •

8장

하나님께서 다스리시니
평안함이 있습니다

전도서 8장 1–8절

1 누가 지혜자와 같으며 누가 사물의 이치를 아는 자이냐 사람의 지혜는 그의 얼굴에 광채가 나게 하나니 그의 얼굴의 사나운 것이 변하느니라

2 내가 권하노라 왕의 명령을 지키라 이미 하나님을 가리켜 맹세하였음이니라

3 왕 앞에서 물러가기를 급하게 하지 말며 악한 것을 일삼지 말라 왕은 자기가 하고자 하는 것을 다 행함이니라

4 왕의 말은 권능이 있나니 누가 그에게 이르기를 왕께서 무엇을 하시나이까 할 수 있으랴

5 명령을 지키는 자는 불행을 알지 못하리라 지혜자의 마음은 때와 판단을 분변하나니

6 무슨 일에든지 때와 판단이 있으므로 사람에게 임하는 화가 심함이니라

7 사람이 장래 일을 알지 못하나니 장래 일을 가르칠 자가 누구이랴

8 바람을 주장하여 바람을 움직이게 할 사람도 없고 죽는 날을 주장할 사람도 없으며 전쟁할 때를 모면할 사람도 없으니 악이 그의 주민들을 건져낼 수는 없느니라

❧　　　사람의 얼굴은 마음의 상태를 드러냅니다. 평안하고 기쁠 때에는 온화하고 부드러운 표정이 되고 근심과 염려가 가득하면 어둡고 찌푸린 사나운 표정이 됩니

다. 지혜는 사람의 얼굴에 광채가 나게 하고 마음을 즐겁게 한다고 하였는데 시대를 바르게 분별하며 마음에 평안함을 누리는 길은 무엇일까요?

첫째, 하나님께서 허락하신 권위에 순종하는 삶입니다 (2절). 이스라엘은 신정국가였기에 왕은 하나님의 대리자로 생각되었고 누구나 왕의 명령에 순종해야 했습니다. 물론 오늘날의 세상 나라들이 신정국가는 아닙니다. 그러나 모든 권력은 하나님으로부터 온 것이기 때문에 하나님께 반역하는 권세가 아닌 이상 마땅히 그 권세에 순종해야 합니다. 정당한 이유 없이 세상 권세를 대적하면 자기 생명을 해롭게 할 뿐입니다.

둘째, 선한 일을 계획하고 실천하는 삶입니다(3절). 세상 권세가 비록 악할지라도 하나님은 그 모든 권세를 제어하시며 세상 나라들을 다스리는 분이십니다. 하나님께서 온 세상을 다스리시기에 세상 나라들도 죄인을 징계하고 의인을 칭찬하며 격려할 줄 압니다. 그래서 불의한 세상에서도 악을 행하는 사람은 인생이 불행해지고, 선한 일에 힘쓰는 사람은 행복해지는 것입니다.

셋째, 세상 권세를 두려워 말고 하나님만 경외해야 합니다(8절). 사람이 부는 바람을 마음대로 통제할 수 없듯이, 어느 누구도 자기 생명을 주장할 수 없습니다. 그래서 아무리 큰 권력을 가진 사람도 언젠가는 죽게 됩니다. 자기 생명 하나 맘대로 할 수 없는 인간의 권력은 허무할 뿐입니다. 우리가 정말 두려워해야 할 분은 육체를 멸할 수 있는 왕이나 세상 권세가 아니라 영혼을 주장하시는 하나님입니다(마 10:28).

악한 세상도 하나님의 통제 안에 있기 때문에 두려울 것이 없습니다. 하나님께서 다스리심을 믿고 선하고 옳은 일에 힘쓰며 하나님께서 주시는 평안함으로 살아가는 성도가 되기를 바랍니다.

나의 적용 • • •

하나님을 경외하는 자에게 형통함이 있습니다

전도서 8장 9-13절

9 내가 이 모든 것을 보고 해 아래에서 행하는 모든 일을 마음에 두고 살핀즉 사람이 사람을 주장하여 해롭게 하는 때가 있도다

10 그런 후에 내가 본즉 악인들은 장사지낸 바 되어 거룩한 곳을 떠나 그들이 그렇게 행한 성읍 안에서 잊어버린 바 되었으니 이것도 헛되도다

11 악한 일에 관한 징벌이 속히 실행되지 아니하므로 인생들이 악을 행하는 데에 마음이 담대하도다

12 죄인은 백 번이나 악을 행하고도 장수하거니와 또한 내가 아노니 하나님을 경외하여 그를 경외하는 자들은 잘 될 것이요

13 악인은 잘되지 못하며 장수하지 못하고 그 날이 그림자와 같으리니 이는 하나님을 경외하지 아니함이니라

하나님께서 악을 처리하시는 방식은 댐의 수문을 여는 방식과 같습니다. 그래서 한 번 두 번 죄를 지었다고 악인을 바로 심판하지 않으시고, 그 악행이 임계치에 도달할 때까지 내버려 두셨다가 한꺼번에 공의로 심판하십니다. 그래서 악인들은 죄를 범해도 심판이 없다고 생각하며 안일하게 살다가 순식간에 망하게 됩니다.

그러면 하나님의 공의를 의지하는 사람의 삶은 어떠해야 할까요?

첫째, 타인의 인격을 존중할 줄 알아야 합니다(9절). 빈부귀천을 막론하고 사람은 누구나 인격적으로 존중받아야 마땅합니다. 사람에게는 하나님의 형상이 담겨 있기 때문에 사람이 사람을 무시하고 해를 끼치는 행위는 창조주 하나님을 무시하는 죄를 범한 것과 같습니다. 하나님은 타인의 인격을 무시하고 주장하려는 사람을 죄 없다 하지 않으시고 공의로 심판하십니다.

둘째, 죄를 지으며 장수하는 것은 더 큰 심판을 쌓는 것임을 기억해야 합니다(12a절). 사람은 인생을 어떻게 살았느냐에 따라 하나님의 심판대 앞에서 상급과 형벌을 받게 됩니다. 생명이 있을 때에만 선행도 할 수 있고, 죄를 지을 수도 있습니다. 차라리 빨리 죽기라도 하면 죄를 덜 지을 것을 장수하며 죄만 짓는 인생이라면 더 많이 범죄하며 심판의 강도만 높일 뿐입니다.

셋째, 하나님을 경외하는 자에게는 형통함이 있습니다(12b절). 하나님을 경외하는 자는 타인의 인격을 존중할 줄 알고, 죄인의 길을 가지 않습니다. 사회적으로 많은 기득권을 가지고 있어도 타인을 마음대로 주장하려 하지 않고 오히려 연약한 사람들을 배려하고 도우려고 노력합니다. 그래서 하나님은 하나님을 경외하는 사람을 기뻐하시고 그의 길에 은혜와 복을 더해 주십니다.

타인을 마음대로 주장하려는 교만한 마음을 버리고 하나님을 경외하는 신실한 믿음으로 살아가는 성도가 되기를 바랍니다.

나의 적용 • • •

희락은 중심이 바로 선 자에게 주시는 은혜의 선물입니다

전도서 8장 14-15절

14 세상에서 행해지는 헛된 일이 있나니 곧 악인들의 행위에 따라 벌을 받는 의인들도 있고 의인들의 행위에 따라 상을 받는 악인들도 있다는 것이라 내가 이르노니 이것도 헛되도다
15 이에 내가 희락을 찬양하노니 이는 사람이 먹고 마시고 즐거워하는 것보다 더 나은 것이 해 아래에는 없음이라 하나님이 사람을 해 아래에서 살게 하신 날 동안 수고하는 일 중에 그러한 일이 그와 함께 있을 것이니라

사람은 마음의 중심을 볼 수 없기 때문에 무슨 일이든 결과가 선하면 상을 주고, 악하면 벌을 줍니다. 그래서 선한 사람이 악인들이 당하는 벌을 받기도 하고, 악인들이 어쩌다 보니 선한 결과를 내서 상을 받기도 합니다. 그러나 마음의 중심을 보시는 하나님은 악한 동기로 선한 결과를 냈다고 칭찬하지 않으십니다. 그러면 마음의 중심을 보시는 하나님 앞에서 우리는 어떤 삶의 자세를 취해야 할까요?

첫째, 하나님의 의를 구해야 합니다(14a절). 의인이 선

을 행하려다 좋지 못한 결과를 초래하는 경우가 있습니다. 사람은 자기가 옳다고 생각하는 일이 어떤 결과를 가져올지 모르기 때문입니다. 하나님의 뜻을 구하지 않고 자기의 생각과 판단을 따라 자기 의로 사람을 정죄하고 심판하려 하면 오히려 범죄에 빠지게 됩니다. 그러나 하나님의 의를 구하는 자는 타인을 정죄하거나 범죄하지 않습니다.

둘째, 하나님은 악인의 행위조차도 선으로 바꾸시는 분이심을 신뢰해야 합니다(14b절). 악인은 절대 선한 동기로 일하지 않고, 자기 이익과 자기 만족을 위해서만 일합니다. 그러나 하나님은 악인이 자기 유익을 위해 행하는 일조차도 자기 백성의 믿음을 연단하시는 기회로 사용하십니다. 그래서 모든 것이 합력하여 선을 이루는 은혜로 자기 백성을 보호해 주십니다.

셋째, 하나님 주신 일에 감사하며 희락을 누리는 삶으로 나아가야 합니다(15절). 희락은 성령의 열매입니다(갈 5:22). 기뻐할 수 없는 상황에서도 하나님께서 주시는 소망 가운데 기뻐하는 것이 바로 희락입니다. 솔로몬은 인생에서 사람이 먹고 마시고 즐거워하는 것보다 나은 것이 없다고 하였는데, 하나님 주시는 희락을 모르는 인생은 동물적 본능 외에는 기뻐할 것이 없음을 말한 것입니다. 그러나 하나님을 경외하는 자는 어떤 상황에서도 참된 희락이 솟아납니다.

악한 자의 행위도 선으로 바꾸시는 하나님, 우리 마음에 참된 평강과 희락을 주시는 하나님을 의지함으로 죄를 이기고 영적으로 건강한 삶을 살아가는 성도가 되기를 바랍니다.

나의 적용 • • •

하나님의 지혜 안에
참된 평안이 있습니다

전도서 8장 16-17절

16 내가 마음을 다하여 지혜를 알고자 하며 세상에서 행해지는 일을 보
    았는데 밤낮으로 자지 못하는 자도 있도다
17 또 내가 하나님의 모든 행사를 살펴 보니 해 아래에서 행해지는 일
    을 사람이 능히 알아낼 수 없도다 사람이 아무리 애써 알아보려고
    할지라도 능히 알지 못하나니 비록 지혜자가 아노라 할지라도 능히
    알아내지 못하리로다

❧   긍정적인 마음과 하나님께서 주시는 평안
은 본질적으로 다릅니다. 긍정적인 마음이 있다고 사람의
미래가 크게 달라지지 않습니다. 그러나 하나님께서 주시
는 평안은 현재의 상황과 환경이 아무리 부정적으로 보
여도 하나님께서 그의 모든 삶을 책임져 주신다는 확실한
증거가 됩니다. 그래서 불확실한 미래를 향해 나아가는
우리의 삶에는 하나님의 평안이 절대적으로 필요합니다.
그러면 우리의 삶에서 하나님께서 주시는 평안을 누리는
길은 무엇일까요?

첫째, 인간적인 염려와 근심을 버려야 합니다(16절). 세

상에는 밤낮으로 잠을 자지 못하는 사람들이 많이 있습니다. 미래에 대한 염려로 인해 생각이 너무 많기 때문입니다. 염려와 근심이 인생의 문제를 전혀 해결할 수 없음에도 불구하고 미래에 대한 두려움은 계속해서 부정적인 생각을 만들어 내고 마음을 불안하게 합니다. 그래서 주님은 우리에게 내일 일을 염려하지 말라고 명령하셨습니다(마 6:34).

둘째, 하나님께서 나를 위해 일하심을 신뢰해야 합니다(17a절). 주께서 사랑하시는 자들을 위해 예비하신 것은 사람의 지혜로는 알 수 없다 하였습니다(고전 2:9). 그래서 누구나 보이는 현실로 인해 두려워하고 낙심할 수 있지만, 하나님께서 언제나 나에게 최선의 결과를 예비해 두셨음을 믿는 사람은 두려운 현실에서 벗어나 마음의 평안을 누리게 됩니다.

셋째, 하나님의 지혜로 세상의 지혜를 넘어서야 합니다(17b절). 사람이 좌절하게 되는 가장 큰 이유는 해결할 수 없는 현실의 문제에 직면할 때에 자신의 무능함을 뼈저리게 느끼기 때문입니다. 그러나 하나님께서 지혜를 주시면 그 모든 상황이 홍해가 갈라지듯이 해결됩니다. 세상의 지혜로는 답이 없지만, 하나님께서 창조적인 지혜를 주셔서 전혀 새로운 차원에서 해결책을 찾게 하십니다.

염려와 근심으로 가득 찬 세상에서 진정한 마음의 평안을 누리려면 하나님의 인도하심을 전적으로 의지해야 합니다. 오늘도 하나님께서 주시는 창조적인 지혜로 마음의 평안을 누리고 나를 위해 예비하신 최선의 삶을 향해 나아가는 성도가 되기를 바랍니다.

나의 적용 • • •

9장

사랑으로
행해야 합니다

전도서 9장 1절

1 이 모든 것을 내가 마음에 두고 이 모든 것을 살펴 본즉 의인들이나 지
  혜자들이나 그들의 행위나 모두 다 하나님의 손 안에 있으니 사랑을
  받는지 미움을 받는지 사람이 알지 못하는 것은 모두 그들의 미래
  의 일들임이니라

❧   사람은 누구나 명분과 실리를 따라 움직입
니다. 그래서 본심은 그게 아닌데 대외적인 명분 때문에
움직이고, 마음이 좀 불편해도 실리가 된다고 하면 그 일
을 하고 맙니다. 하나님은 진실한 마음으로 행한 일인지
명분과 실리를 따라 행한 일인지 다 알고 계셔서 사람이
선한 일을 했다고 무조건 칭찬하지 않으십니다. 그러면
하나님께서 칭찬하시는 사람은 어떤 사람일까요?

첫째, 하나님의 주권을 인정하며 살아가는 사람입니다.
하나님의 주권을 인정하는 사람은 하나님께서 내 삶의
주인이심을 인정하고 내 인생을 향한 하나님의 뜻을 구하
며 살아갑니다. 그래서 악한 동기나 실리 또는 명분에 의

해 움직이지 않고, 하나님의 뜻을 이루기 위해서라면 어떤 손해도 감수할 줄 압니다. 이런 사람을 하나님께서 칭찬하십니다.

둘째, 사랑의 동기로 행하는 사람입니다. 미움은 다툼을 일으켜도 사랑은 허다한 허물을 가린다 하였습니다(잠 10:12). 그래서 하나님을 사랑하는 마음, 이웃을 사랑하는 마음으로 행하는 사람은 타인을 정죄하거나 죄의 길에 빠지지 않습니다. 사랑의 동기로 행하면 이웃에게 덕을 세우고, 사람에게나 하나님께나 칭찬받는 사람이 됩니다.

셋째, 대가를 바라지 않고 순전한 동기로 행하는 사람입니다. 의인이나 지혜자나 누구도 자신이 행한 일로 인해 나중에 미움을 받을지 사랑을 받을지 알 수 없습니다. 미래는 하나님의 손에 달려 있기 때문입니다. 사람이 대가나 보상을 바라고 일을 하면 자신의 수고와 헌신을 알아주고 칭찬해 주지 않을 때 원망과 분노의 감정이 올라옵니다. 그러나 보상이나 대가를 바라지 않고 순전한 마음으로 행하는 사람을 하나님께서 기뻐하십니다.

하나님은 언제나 우리의 진심보다 전심을 원하십니다. 전심으로 하나님을 사랑하며 사랑의 동기로 행함으로 사람들에게는 덕을 세우고 하나님께는 칭찬받는 성도가 되기를 바랍니다.

나의 적용 • • •

생명이 있는 동안에
반드시 해야 할 일이 있습니다

전도서 9장 2–6절

2 모든 사람에게 임하는 그 모든 것이 일반이라 의인과 악인, 선한 자
와 깨끗한 자와 깨끗하지 아니한 자, 제사를 드리는 자와 제사를 드
리지 아니하는 자에게 일어나는 일이 모두 일반이니 선인과 죄인,
맹세하는 자와 맹세하기를 무서워하는 자가 일반이로다
3 모든 사람의 결국은 일반이라 이것은 해 아래에서 행해지는 모든 일
중의 악한 것이니 곧 인생의 마음에는 악이 가득하여 그들의 평생에
미친 마음을 품고 있다가 후에는 죽은 자들에게로 돌아가는 것이라
4 모든 산 자들 중에 들어 있는 자에게는 누구나 소망이 있음은 산 개가
죽은 사자보다 낫기 때문이니라
5 산 자들은 죽을 줄을 알되 죽은 자들은 아무것도 모르며 그들이 다
시는 상을 받지 못하는 것은 그들의 이름이 잊어버린 바 됨이니라
6 그들의 사랑과 미움과 시기도 없어진 지 오래이니 해 아래에서 행하
는 모든 일 중에서 그들에게 돌아갈 몫은 영원히 없느니라

❧   사람은 영혼과 육체로 이루어져 있습니다.
영혼과 육체는 긴밀한 관계를 유지하고 있어서 영혼이 강
건하면 육체의 연약함도 이겨 낼 수 있고, 육체가 강건하
면 또한 영혼이 강건해집니다. 사람이 생물학적인 죽음을
맞이하여 육체와 영혼이 분리되면 이생에서는 아무것도

할 수 없게 됩니다. 그래서 죽기 전에 반드시 해야 할 일이 있습니다. 그것은 무엇일까요?

첫째, 영혼의 구원을 얻어야 합니다(2절). 세상의 관점에서는 의로운 자와 불의한 자, 예배자나 불신자의 죽음이 모두 똑같은 것처럼 보입니다. 그러나 사람의 인생은 죽음으로 끝나지 않습니다. 예수님을 믿은 사람은 천국에서 영생하고, 믿지 않은 사람은 지옥에서 고통 속에 영생합니다. 믿음의 기회는 살아 있을 때에만 있습니다. 그래서 죽기 전에 반드시 영혼 구원의 믿음을 가져야 합니다.

둘째, 인생의 마지막 때를 준비해야 합니다(3절). 사람이 하나님께 반역하고 오직 자기만을 위해 사는 이유는 현재의 삶에 집착하기 때문입니다. 지금 해결해야 할 문제와 이익만 생각하니 이기적이고 악한 죄인이 됩니다. 솔로몬은 이런 사람을 평생에 미친 마음을 품고 있는 사람이라 하였습니다. 인생의 마지막을 생각하며 살면 이런 미친 마음이 얼마나 공허한 것인지 알게 되고 늘 하나님을 경외하는 마음으로 살게 됩니다.

셋째, 산 소망을 가지고 살아야 합니다(4절). 산 개가 죽은 사자보다 낫다는 말은 사람이 생명이 있어야 어떤 소망이든 가질 수 있다는 뜻입니다. 질병으로 고통당하고 있어도 살아 있으면 회복의 소망을 가질 수 있습니다. 그러면 살아 있는 동안 우리가 가질 수 있는 가장 큰 소망은 무엇일까요? 우리의 산 소망이 되시는 예수님과 동행하는 삶입니다. 주께서 함께해 주시는 인생에 참된 기쁨과 소망이 있고 진정한 행복이 있기 때문입니다.

주님이 함께하시면 인생의 모든 문제는 상황 종료입니다. 오늘도 우리의 산 소망 되시는 주님과 동행하며 보람된 인생을 살아가는 성도가 되기를 바랍니다.

나의 적용 • • •

구별된 삶에 하나님께서 주시는 특별한 선물이 있습니다

전도서 9장 7-10절

7 너는 가서 기쁨으로 네 음식물을 먹고 즐거운 마음으로 네 포도주를 마실지어다 이는 하나님이 네가 하는 일들을 벌써 기쁘게 받으셨음이니라

8 네 의복을 항상 희게 하며 네 머리에 향 기름을 그치지 아니하도록 할지니라

9 네 헛된 평생의 모든 날 곧 하나님이 해 아래에서 네게 주신 모든 헛된 날에 네가 사랑하는 아내와 함께 즐겁게 살지어다 그것이 네가 평생에 해 아래에서 수고하고 얻은 네 몫이니라

10 네 손이 일을 얻는 대로 힘을 다하여 할지어다 네가 장차 들어갈 스올에는 일도 없고 계획도 없고 지식도 없고 지혜도 없음이니라

❧　　　사람이 인생에서 얻을 수 있는 가장 큰 기쁨은 하나님께서 주시는 기쁨입니다. 사람이 하나님을 기쁘시게 하면 하나님께서도 그에게 기쁨을 주시되, 원수와도 화목하게 하시는 은혜로 관계의 평안함을 주시고(잠 16:7), 하나님의 영광을 나타내시기 위해 의의 길로 인도해 주십니다(시 23:3). 오늘 본문은 특별히 하나님께서 기뻐하시는 자들에게 주시는 복에 대해 말씀하고 있습니다.

첫째, 거룩하고 성결한 삶을 살아가게 하십니다(8절). 구약시대에 옷을 깨끗게 하고, 머리에 기름을 바르는 행위는 하나님 앞에서 자신을 정결하게 구별하여 살아가는 것을 의미했습니다. 하나님은 자신을 거룩하게 구별하여 드리는 사람을 기뻐하십니다. 그래서 예배드리는 기쁨으로 충만케 하시고 하나님의 선하신 뜻을 깨달아 성령의 은사로 세상을 이기는 지혜와 능력을 선물로 주십니다.

둘째, 사랑스러운 배우자를 선물로 주십니다(9절). 평생에 희노애락을 함께할 수 있는 사랑스러운 배우자를 얻는 것은 인생에서 가장 큰 행복입니다. 부부는 일심동체라는 말이 있듯이 남편의 성공을 가장 크게 기뻐해 줄 수 있는 사람이 아내이고, 아내의 슬픔을 아파하고 진정한 마음으로 위로해 줄 수 있는 사람은 남편밖에 없습니다. 서로를 사랑하고 아껴 주며 살아가는 배우자는 하나님께서 인생에 주신 가장 큰 선물입니다.

셋째, 일하는 즐거움을 주십니다(10절). 자신이 가진 직업에서 보람을 느끼는 사람은 행복한 사람입니다. 지금 나의 직업이 하나님이 주신 선물임을 믿는 사람은 결코 게으르지 않습니다. 일하면서 마음에는 감사와 기쁨이 충만하고 성실한 삶 속에서 보람을 얻습니다. 삶의 현장에서 겸손히 다른 사람을 섬기고, 사람들로부터 칭찬과 존귀를 받으며 기쁨으로 살아갑니다. 내가 가진 직업으로 인해 기쁨을 누리는 삶도 인생에 주신 하나님의 선물입니다.

이처럼 인생에는 하나님께서 주시는 특별한 선물이 있습니다. 구별된 삶으로 이 귀한 선물을 받아 누리며 행복하게 살아가는 성도가 되기를 바랍니다.

나의 적용 ● ● ●

하나님의 은총을
힘입어야 합니다

전도서 9장 11-12절

11 내가 다시 해 아래에서 보니 빠른 경주자들이라고 선착하는 것이 아니며 용사들이라고 전쟁에 승리하는 것이 아니며 지혜자들이라고 음식물을 얻는 것도 아니며 명철자들이라고 재물을 얻는 것도 아니며 지식인들이라고 은총을 입는 것이 아니니 이는 시기와 기회는 그들 모두에게 임함이니라

12 분명히 사람은 자기의 시기도 알지 못하나니 물고기들이 재난의 그물에 걸리고 새들이 올무에 걸림 같이 인생들도 재앙의 날이 그들에게 홀연히 임하면 거기에 걸리느니라

사람은 자기의 운명을 제어할 능력이 없습니다. 거기다가 자기의 미래가 어떤 식으로 변해갈지 알 수도 없습니다. 어떤 상황이 벌어지는지는 인지할 수 있지만, 그 상황을 제어할 수 없고 다가오는 미래를 속수무책으로 받아들여야 하는 것이 인간의 운명입니다. 이 운명에 갇혀 살아가는 인생의 모습들이 몇 가지 있습니다.

첫째, 빠른 경주자라고 반드시 경기에 승리하는 것은 아닙니다. 2004년 아테네 올림픽 허들 110m 금메달리스

트였던 중국의 류샹 선수는 2008년 베이징 올림픽의 허들 110m 금메달 유망주였습니다. 그러나 스타트 총성 후 바로 오른쪽 허벅지 근육 파열이 생겨 경기를 포기하고 말았습니다. 능력과는 별개로 환경적인 변수가 있다는 것입니다.

둘째, 용사라고 전쟁에서 승리하는 것이 아닙니다. 다윗과 골리앗의 싸움에서처럼, 골리앗은 어려서부터 용사였고 3m 장신이었지만, 소년 다윗과의 싸움에서 물맷돌 한 방을 얻어맞아 죽고 말았습니다. 전쟁의 승리는 사람의 힘과 능력에 있는 것이 아니라 하나님께 있기 때문입니다.

셋째, 지혜자라고 음식물을 얻는 것이 아닙니다. 농부가 아무리 경험이 많고 농사 짓는 기술이 훌륭해도, 많은 시간과 노력을 해도, 햇빛과 비를 원하는 때에 내리게 할 수는 없습니다. 햇빛과 비를 주셔서 싹이 나고 자라고 열매 맺게 하시는 분은 오직 하나님이십니다.

넷째로, 명철자들이라고 재물을 얻는 것도 아닙니다. 요즘은 박사 학위를 가지고 있어도 대학교수가 되기 어렵고, 취업도 쉽지 않습니다. 아무리 똑똑해도 자기의 지식을 활용할 수 있는 장이 없으면 아무 유익이 없습니다. 사업을 하더라도 변수가 너무 많기 때문에 머리만 좋다고 성공하는 것은 아닙니다.

그러나 하나님의 은총을 입은 사람은 이 모든 운명에서 벗어나 풍성한 삶을 살게 됩니다. 오직 하나님의 은총을 힘입어 운명의 굴레에서 벗어나 행복한 인생을 살아가는 성도가 되기를 바랍니다.

나의 적용 • • •

전도는 사람을 살리는 하나님의 지혜입니다

전도서 9장 13-16절

13 내가 또 해 아래에서 지혜를 보고 내가 크게 여긴 것이 이러하니

14 곧 작고 인구가 많지 아니한 어떤 성읍에 큰 왕이 와서 그것을 에워싸고 큰 흉벽을 쌓고 치고자 할 때에

15 그 성읍 가운데에 가난한 지혜자가 있어서 그의 지혜로 그 성읍을 건진 그것이라 그러나 그 가난한 자를 기억하는 사람이 없었도다

16 그러므로 내가 이르기를 지혜가 힘보다 나으나 가난한 자의 지혜가 멸시를 받고 그의 말들을 사람들이 듣지 아니한다 하였노라

다윗 왕 때에 압살롬의 난이 평정된 후 '세바'라는 사람이 또다시 다윗을 반역하여 나라를 세우려 한 적이 있습니다. 그래서 성질이 좀 난폭한 군대장관 요압은 세바의 주둔지인 아벨이라는 성읍에 큰 군대를 끌고 가서 언덕 위에 토성을 쌓고 그 성읍을 완전히 초토화하려 하였습니다. 반역자 세바 한 사람으로 인해서 지혜자들의 성읍인 아벨이 멸망을 당하게 된 것입니다(14절).

그때에 한 지혜로운 여인이 요압에게 나아가 중재합니다. 아벨은 지혜자들이 많은 성읍으로서 분쟁이 일어나면

옛사람들은 "아벨에게 가서 물을 것이라!" 하고 분쟁을 끝냈는데 세바라는 반역자로 인해 이 지혜의 성읍을 멸한다는 것이 옳으냐는 것입니다. 그래서 세바의 머리를 내줄 것이니 돌아가라고 제안합니다. 이 이름 모를 한 여인의 지혜로 아벨 성읍이 구원받게 됩니다(5절).

이 여인의 지혜는 군사력보다 강하였으나 그녀의 지혜를 후대는 더 이상 기억해 주지 않았습니다. 솔로몬은 자신의 어린 시절에 일어났던 세바의 반역 사건을 기억하면서 가난한 한 여인의 지혜가 이처럼 멸시를 받을 수 있음을 깨달았습니다. 그러나 그녀의 지혜는 멸망에 처한 마을을 구원하고 많은 사람을 살리는 지혜였음에는 틀림이 없었습니다.

무슨 일을 하든지 누군가가 나를 기억해 주기를 바라는 것보다 내가 하는 일이 사람을 살리고 유익하게 하는 일인가를 생각하는 것이 중요합니다. 주님께서 십자가를 지실 때에도 세상 사람들이 그 사실을 알아주길 바라신 것은 아닙니다. 그러나 그 사랑의 희생이 온 인류를 살렸습니다. 전도는 세상 사람들에게 멸시를 받아도 사람을 살리게 하는 하나님의 지혜입니다. 전도의 지혜로 많은 영혼을 살리는 성도가 되기를 바랍니다.

지혜가
무기보다 강합니다

전도서 9장 17-18절

17 조용히 들리는 지혜자들의 말들이 우매한 자들을 다스리는 자의 호
령보다 나으니라
18 지혜가 무기보다 나으니라 그러나 죄인 한 사람이 많은 선을 무너지
게 하느니라

❧　　　인생에서 그 무엇도 지혜보다 나은 것은
없습니다. 지혜는 인간관계를 형통하게 하고, 재물을 소
유하게 하고, 명예를 얻게 하며, 주변에 있는 많은 사람을
유익하게 합니다. 그런데 지혜는 강력한 영향력을 가지고
있어서 누구에게 그 지혜가 있느냐에 따라 전혀 다른 결
과를 가져올 수 있습니다. 그러면 지혜의 힘과 영향력은
무엇일까요?

첫째, 사람을 움직이는 능력이 있습니다(17절). 우매한
사람들의 지도자는 항상 심한 스트레스를 받습니다. 아무
리 큰 소리로 호령하고 많은 말을 해도 우매한 사람들을
이해시키지 못하니 그들이 따라 주지 않기 때문입니다.

그러나 지혜자의 조용한 말 한마디는 우매한 자들의 귀를 파고 들어가 그들을 설득하여 순종하고 따르게 합니다.

둘째, 전쟁의 무기보다 강력한 힘이 있습니다(18a절). 전쟁에 사용되는 무기는 많은 생명을 살상합니다. 전쟁에 승리하면 영토를 넓힐 수 있지만, 아군에게도 너무 큰 피해를 가져옵니다. 그러나 지혜로운 모사가 담판을 잘 하면 전쟁 없이도 원하는 것을 얻을 수 있습니다. 마찬가지로 개인의 삶에서도 지혜는 분쟁을 해결하고 삶을 유익하게 합니다.

셋째, 악한 사람은 지혜를 소유하는 것조차도 죄입니다(18b절). 죄인이 지혜를 악한 곳에 사용하면 사람들은 그 악한 지혜를 배워서 법망을 피해 가는 방법을 알게 되고 똑같이 악한 행동을 따르게 됩니다. 죄인이 지혜라도 없으면 죄를 덜 지었을 것을, 악한 지혜가 선을 무너뜨리고 악한 영향력을 행사하게 되니 이보다 악하고 큰 죄가 없습니다.

악인의 지혜가 많은 선을 무너지게 한다면, 선인의 지혜는 사람들을 악으로부터 구원하고 의로운 사회를 세워가는 힘이 됩니다. 하나님을 경외하는 마음으로 참된 지혜를 소유하여 선한 영향력으로 영혼을 살리는 성도가 되기를 바랍니다.

나의 적용 • • •

10장

우매한 자의 습관은
작은 것조차도 버려야 합니다

전도서 10장 1-4절

1 죽은 파리들이 향기름을 악취가 나게 만드는 것 같이 적은 우매가 지
  혜와 존귀를 난처하게 만드느니라
2 지혜자의 마음은 오른쪽에 있고 우매자의 마음은 왼쪽에 있느니라
3 우매한 자는 길을 갈 때에도 지혜가 부족하여 각 사람에게 자기가
  우매함을 말하느니라
4 주권자가 네게 분을 일으키거든 너는 네 자리를 떠나지 말라 공손함
  이 큰 허물을 용서 받게 하느니라

❧   향기름은 성막에서 사용되는 관유로서 성
물에 발라 거룩하게 하는 기름입니다. 관유를 통에 잘 담
아두지 않으면 파리들이 빠져서 죽게 되는데, 죽은 파리
들이 부패하면 관유에서 썩은 냄새가 났습니다. 마찬가지
로 지혜로운 사람에게 아주 작은 우매함이라도 남아 있으
면 그 우매함이 관유에 빠진 파리처럼 그의 지혜와 존귀
를 무가치하게 만들 수 있다는 것입니다. 그러면 지혜자
가 버려야 할 그 작은 우매함은 무엇일까요?

첫째, 도덕적 타락입니다(2절). 성경에서 오른쪽은 강한

힘과 옳은 행위, 바른 길을 의미합니다. 반면에 왼쪽은 약함, 옳지 못한 행위, 악한 길을 의미합니다. 그래서 지혜자의 마음은 항상 오른쪽에, 우매자의 마음은 왼쪽에 있습니다. 사람이 아무리 지혜로와도 도덕적으로 옳지 못한 선택을 하게 되면 그가 가진 지혜와 존귀는 무시를 당하고 쓸모없게 됩니다.

둘째, 말하기를 좋아하는 것입니다(3절). 우매한 사람은 길을 가는 짧은 시간 동안에도 입이 간지러워 견디지 못합니다. 그래서 하지 않아도 될 말을 하여 실수하고, 자기의 우매함을 드러냅니다. 지혜 있는 사람도 말을 많이 하는 습관이 있다면 말수를 줄이도록 노력해야 합니다. 말을 적게 할수록 실수도 적어지고, 입을 닫고 있으면 우매한 자도 지혜로운 사람처럼 여겨지기 때문입니다(잠 17:28).

셋째, 성급한 마음입니다(4절). 자기가 실력이 있다고 생각하는 사람은 윗사람의 질책을 견디지 못합니다. 그래서 일을 하다가 책망을 조금 들으면 내가 여기밖에 일할 곳이 없나 하면서 사표를 던집니다. 그러나 때로는 그런 상황도 참고 인내할 줄 알아야 합니다. 실력에다 겸손한 마음까지 갖춘 사람은 어디서나 사랑받고 존귀하게 여김을 받기 때문입니다.

지혜자의 마음에 남아 있는 아주 작은 우매함이 그의 지혜와 존귀를 무가치하게 만듭니다. 죽은 파리 같은 악한 습관들, 모가 난 성품을 제거하여 하나님께서 쓰시는 참된 지혜자로 살아가시기 바랍니다.

나의 적용 • • •

건강한 지도자가
건강한 사회를 만듭니다

전도서 10장 5-7절

5 내가 해 아래에서 한 가지 재난을 보았노니 곧 주권자에게서 나오는 허물이라

6 우매한 자가 크게 높은 지위들을 얻고 부자들이 낮은 지위에 앉는도다

7 또 내가 보았노니 종들은 말을 타고 고관들은 종들처럼 땅에 걸어 다니는도다

사회는 다수의 군중과 소수의 지도자들로 이루어집니다. 민주주의 조차도 다수의 뜻이 투표를 통해 정책에 반영된다고 하지만, 군중이 투표할 안건을 만드는 것은 소수의 지도자들 몫입니다. 그래서 어떤 사회나 국가든지 모든 사람이 함께 행복한 공동체를 이루어 가려면 훌륭한 지도자가 세워져야 합니다. 그러면 훌륭한 지도자가 갖추어야 할 조건은 무엇일까요?

첫째, 도덕적 정결함입니다. 주권자의 도덕적 윤리적 기준이 잘못되어 있으면 바른 정책을 펼쳐 갈 수 없습니다. 공공의 유익이 아니라 자기의 이익을 위해 정책을 세

우고 그에 반대하는 사람들을 핍박하고 괴롭히기 때문입니다. 이기적인 욕심으로 자기 배를 채우려는 지도자는 한 사회를 불행하게 만드는 재난 같은 존재일 뿐입니다.

둘째, 지혜로운 사람이어야 합니다(6절). 우매한 사람이 높은 지위를 얻고 지혜로운 사람이 낮은 지위에 있으면 발전적인 일을 계획하고 진행할 수 없습니다. 지혜로운 사람들이 제안하는 의견을 우매한 지도자가 이해하지 못하고, 수용하지도 않기 때문입니다. 그래서 인격과 실력을 갖추지 못한 사람이 금수저를 물고 나와 낙하산 식으로 높은 지위를 차지하는 사회는 불행한 사회입니다.

셋째, 겸손해야 합니다(7절). 지도자가 교만하면 다스림을 받는 백성들이 천대를 받고, 지도자가 겸손하게 섬기는 사람이면 다스림을 받는 백성이 존귀함을 누리게 됩니다. 고대사회에서 사람이 말을 타고 다닐 수 있다면 그는 매우 존귀한 사람이었습니다. 그런데 지도자가 종처럼 땅에 걸어 다니며 바쁘게 섬김으로 종들이 말을 타고 다닐 수 있을 정도로 존귀히 여김을 받는 나라라면 그 나라는 장차 강성하고 행복한 나라가 될 것입니다.

예수님은 겸손의 왕으로 오셔서 온 인류를 구원하시는 하나님의 지혜가 되셨습니다. 예수님을 따라가는 제자로서 겸손히 주위 사람을 섬기며 존귀하게 세워 가는 거룩한 성도가 되기를 바랍니다.

[나의 적용] • • •

선한 지혜는
성공하기에 유익합니다

전도서 10장 8-11절

8 함정을 파는 자는 거기에 빠질 것이요 담을 허는 자는 뱀에게 물리리라

9 돌들을 떠내는 자는 그로 말미암아 상할 것이요 나무들을 쪼개는 자는 그로 말미암아 위험을 당하리라

10 철 연장이 무디어졌는데도 날을 갈지 아니하면 힘이 더 드느니라 오직 지혜는 성공하기에 유익하니라

11 주술을 베풀기 전에 뱀에게 물렸으면 술객은 소용이 없느니라

무슨 일을 하든지 위험요소와 성공의 요소가 동시에 존재합니다. 위험에 빠져 헤어나오지 못하면 자신이 행한 모든 일이 허사가 되어 버리지만, 위험에서 벗어나 거기서 얻을 수 있는 장점을 극대화하면 성공하는 사람이 됩니다. 지혜는 위험 요소를 피해 가고, 장점을 극대화하여 성공에 이르게 하는 능력이 있습니다(10절). 그러면 인생을 성공에 이르게 하는 지혜는 무엇일까요?

첫째, 참된 지혜는 악한 일을 도모하지 않습니다(8절). 악한 사람은 상대가 망해야 자기가 성공할 수 있다고 생

각합니다. 그래서 상대방을 해치려는 함정을 파고, 타인의 기업을 무너뜨리려는 악한 계획을 세웁니다. 그러나 함정을 파던 사람이 자기가 거기에 빠지고, 남의 집 물건을 훔치려고 담을 허는 도둑이 담 틈에 사는 뱀에게 물리는 것처럼, 악한 계획은 부메랑이 되어 자기를 파멸시키는 결과를 초래합니다. 참된 지혜자는 언제나 자신과 상대방이 상생하는 길을 찾습니다.

둘째, 참된 지혜는 신중한 행동으로 위험요소를 피해 갑니다(9절). 자기 일에 서투른 사람은 위험한 장비를 잘못 다루어서 큰 해를 당합니다. 고대사회에서 가장 힘든 노동 중에 하나는 돌 뜨는 일이나 나무를 패는 일이었습니다. 좋은 장비가 없었던 시절 이런 일을 조심스럽게 하지 않으면 몸을 다쳐서 일하지 못하게 되는 경우가 종종 있었습니다. 무슨 일을 하든지 사려 깊게 생각하고 신중하게 행동해야 위험에 빠지지 않습니다.

셋째, 참된 지혜는 기밀을 지켜나갈 줄 압니다(11절). 현대 사회는 정보가 돈이 되는 시대입니다. 오래된 기업의 노하우도 산업스파이에 의해 타사에 유출이 되면 상상할 수 없는 큰 피해를 가져옵니다. 주술사가 주술을 행하기 전에 뱀에게 물리면 아무것도 할 수 없는 것처럼, 아무리 능력이 있는 사람이라 해도 지켜야 할 기밀을 누설하면 패망할 수밖에 없습니다.

하나님께서 지혜를 주실 때에 늘 선한 목표를 가지고 기도로 하나님 뜻을 분별하여 순종하며 나아감으로 범사에 은혜와 복을 누리는 성도가 되기를 바랍니다.

나의 적용 • • •

말에는
구속력이 있습니다

전도서 10장 12-15절

12 지혜자의 입의 말들은 은혜로우나 우매자의 입술들은 자기를 삼키
나니

13 그의 입의 말들의 시작은 우매요 그의 입의 결말들은 심히 미친 것
이니라

14 우매한 자는 말을 많이 하거니와 사람은 장래 일을 알지 못하나니
나중에 일어날 일을 누가 그에게 알리요

15 우매한 자들의 수고는 자신을 피곤하게 할 뿐이라 그들은 성읍에 들
어갈 줄도 알지 못함이니라

말은 잘하는 데 행동이 잘못되면 말뿐인
사람이 되고, 행동은 잘하는 데 말에 실수가 많으면 말로
자신의 선행을 무색하게 만드는 사람이 됩니다. 사람은
말과 행동이 모두 온전해야 인격적으로 존중받는 사람이
됩니다. 그러면 자신의 인격을 무너뜨리는 우매함에서 벗
어나 말과 행동이 온전한 사람이 되려면 어떻게 해야 할
까요?

첫째, 덕을 세우는 말을 해야 합니다(12절). 사람의 입

은 머릿속의 생각이 호흡을 통해 언어로 바뀌는 기관입니다. 사려 깊은 사람은 머릿속 생각이 언어로 표현되는 시간이 길고, 성질이 급하고 어리석은 사람은 그 시간이 매우 짧습니다. 그래서 말이 급한 사람은 생각이 없다는 책망을 받습니다. 말을 내기 전에 먼저 자신의 말이 덕을 세우는 말인지 분별할 줄 알아야 합니다.

둘째, 말이 많으면 실수도 많음을 기억해야 합니다(14절). 사람은 장래에 일어날 일을 정확히 예측할 수가 없습니다. 우매한 사람은 알지도 못하는 미래에 대해 상황을 자기에게 유리하게 끌고 가려고 이런저런 말을 많이 합니다. 그러나 미래는 자기가 원하는 대로 결정되지 않습니다. 인생에는 너무 많은 변수가 존재하기 때문입니다. 많은 말로 후회거리를 만들기보다는 말수를 줄이는 것이 더욱 지혜로운 행동입니다.

셋째, 말에는 구속력이 있음을 알아야 합니다(15절). 사람은 자기가 한 말에 대한 책임을 져야 합니다. 자신의 말대로 행동하지 않으면 실없는 사람이 되고, 실수로 한 말을 수습하려다가 큰 피해를 감수해야 하는 경우도 있습니다. 우매한 사람은 말을 함부로 해서 자기 말에 구속당하고 인생을 피곤하게 만듭니다. 말에는 구속력이 있음을 알고 선한 말과 행동을 생활화해야 합니다.

삶의 90% 이상이 말을 통해 이루어집니다. 많은 말보다는 꼭 필요한 말 한마디가 삶을 평안하게 합니다. 말의 구속력을 생각하고 건전한 언어생활로 주위 사람들에게 덕을 세우며 살아가는 성도가 되기를 바랍니다.

나의 적용 • • •

지도자의 가치관을
소유하라

전도서 10장 16-20절

16 왕은 어리고 대신들은 아침부터 잔치하는 나라여 네게 화가 있도다
17 왕은 귀족들의 아들이요 대신들은 취하지 아니하고 기력을 보하려
   고 정한 때에 먹는 나라여 네게 복이 있도다
18 게으른즉 서까래가 내려앉고 손을 놓은즉 집이 새느니라
19 잔치는 희락을 위하여 베푸는 것이요 포도주는 생명을 기쁘게 하는
   것이나 돈은 범사에 이용되느니라
20 심중에라도 왕을 저주하지 말며 침실에서라도 부자를 저주하지 말라
   공중의 새가 그 소리를 전하고 날짐승이 그 일을 전파할 것임이니라

어린 왕이 왕위에 오르고 대신들은 왕을 무시하며 흥청망청 잔치하는 나라는 국력이 쇠퇴하고 장차 망할 수밖에 없습니다(16절). 반면에 인격과 성품이 훌륭하고 실력 있는 왕이 왕좌에 올라 대신들을 잘 제어하고 국가의 기강을 바로 세워 가는 나라는 국력이 강해지고 번영하는 나라가 됩니다(17절). 어떤 지도자가 세워지느냐에 따라 한 나라의 흥망성쇠가 결정되는 것입니다. 그러면 훌륭한 지도자는 어떤 사람일까요?

첫째, 자기 일에 성실한 사람입니다(18절). 옛날에는 집이 오래되면 나무와 흙의 내구력이 떨어져 반드시 보수해 주어야 했습니다. 그걸 게을리하면 사람 사는 집의 서까래가 내려앉고 비가 오면 천정에서 물이 샜습니다. 집을 살피지 않으면 무너지는 것처럼, 지도자가 자기 본업에 태만하고 엉뚱한 곳에 마음을 빼앗기면 그런 공동체는 망할 수밖에 없습니다. 지도자에게는 능력만큼 성실이 중요합니다.

둘째, 지혜롭게 자산을 운용할 줄 알아야 합니다(19절). 지도자는 잘한 일은 칭찬하며 장려하고 아랫사람들의 수고에 대해서는 잔치를 베풀어 격려할 줄 알아야 합니다. 그렇다고 흥청망청 재정을 낭비해서는 안 됩니다. 돈은 모아 두면 차후에 상금으로든 재화로든 범사에 유용하게 쓸 수 있지만, 낭비하면 필요할 때에 아무것도 할 수 없기 때문입니다.

셋째, 자신을 돌아볼 줄 아는 사람입니다(20절). 지도자가 허물이 많으면 사람들은 그 앞에서는 잘하는 척하고 뒤에서 저주합니다. 심지어 마음속으로나 아무도 보지 않는 자기 침실에서 저주합니다. 훌륭한 지도자는 사람들이 저주하는 소리에 마음이 흔들리지 않고, 아랫사람들의 불편함을 헤아릴 줄 압니다. 그리고 자기 허물에 대해 들려오는 소리에 귀기울이며 변화와 성장의 기회로 삼습니다.

　지도자의 가치관을 가진 사람은 지도자의 자리에 앉고, 추종자의 가치관을 가진 사람은 추종자의 자리에 앉게 됩니다. 하나님 앞에서 바른 인격과 가치관을 소유하여 영향력 있는 지도자로 살아가는 성도가 되기를 바랍니다.

나의 적용　• • •

11장

전심으로
선을 행해야 합니다

전도서 11장 1-3절

1 너는 네 떡을 물 위에 던져라 여러 날 후에 도로 찾으리라
2 일곱에게나 여덟에게 나눠 줄지어다 무슨 재앙이 땅에 임할는지 네 가 알지 못함이니라
3 구름에 비가 가득하면 땅에 쏟아지며 나무가 남으로나 북으로나 쓰 러지면 그 쓰러진 곳에 그냥 있으리라

❧　　　사람에게는 누구에게나 세 가지의 마음이 있습니다. 사심과 진심과 전심입니다. 사심은 자기 욕심 으로 무엇인가를 얻으려 할 때의 마음이고, 진심은 순전 한 마음으로 거짓 없이 행하려 하는 마음입니다. 그러나 전심은 자기 욕심, 자기 생각은 다 버리고, 오직 가장 중 요한 일 하나만 생각하며 그것을 위해 혼신을 다하는 마 음입니다. 하나님은 우리가 선을 행할 때에 전심을 다하 기를 원하십니다. 그러면 어떤 행함이 전심으로 선을 행 하는 것일까요?

　　첫째, 대가를 바라지 않는 선행입니다(1절). 가난한 사

람들에게 구제를 행하는 것은 흐르는 물에 떡을 던지는 것처럼 무모하게 보일 수 있습니다. 경제적으로 조금 도움을 준다고 그들의 삶이 파격적으로 좋아지기 어렵고 밑 빠진 독에 물을 붓는 것과 같기 때문입니다. 그러나 대가를 생각지 않고 구제를 행하면 그런 행위는 하나님께 꾸어 드리는 행위이기에 위에 계신 하나님께서 그 모든 것을 지켜보시고 후하게 갚아 주십니다(잠 19:17).

둘째, 기회가 주어지는 대로 선을 행하는 것입니다(2절). 일곱이나 여덟에게 나눠 주라는 말은 선을 행할 때에 대상에 제한을 두지 말고, 기회가 되는 대로 베풀라는 뜻입니다. 평상시 구제가 생활화되어 있는 사람은 혹시라도 그의 삶에 예측하지 못한 재앙이 찾아왔을 때에 하나님께서 생각지도 못했던 곳에서 관계의 문이 열리게 하시고 그에게 은혜 입은 사람들이 도움이 되게 해 주십니다.

셋째, 동기와 결과가 잊혀지지 않는 선행입니다(3절). 구름에 비가 가득하면 땅에 쏟아지는 것은 당연하고, 나무가 쓰러지면 쓰러진 곳에 그대로 있는 것처럼, 원인이 있으면 반드시 결과가 있고, 행위의 결과는 반드시 드러나게 되어 있습니다. 선행이든 악행이든 반드시 원인과 결과가 있는데 선행의 결과는 복을 가져오고 악행의 결과는 심판을 가져옵니다. 무슨 일이든 모든 동기와 결과를 하나님께서 살피고 계심을 기억해야 합니다.

하나님을 사랑하는 사람은 전심으로 선을 행합니다. 대가를 바라지 말고 기회가 되는 대로 선을 행하시기 바랍니다. 그래서 위에 계신 하나님께서 은혜를 베풀어 주시고 복 주시는 삶을 살아가는 성도가 되기를 바랍니다.

나의 적용 • • •

은밀하게 역사하시는 하나님을 신뢰해야 합니다

전도서 11장 4-8절

4 풍세를 살펴보는 자는 파종하지 못할 것이요 구름만 바라보는 자는 거두지 못하리라

5 바람의 길이 어떠함과 아이 밴 자의 태에서 뼈가 어떻게 자라는지를 네가 알지 못함 같이 만사를 성취하시는 하나님의 일을 네가 알지 못하느니라

6 너는 아침에 씨를 뿌리고 저녁에도 손을 놓지 말라 이것이 잘 될는지, 저것이 잘 될는지, 혹 둘이 다 잘 될는지 알지 못함이니라

7 빛은 실로 아름다운 것이라 눈으로 해를 보는 것이 즐거운 일이로다

8 사람이 여러 해를 살면 항상 즐거워할지로다 그러나 캄캄한 날들이 많으리니 그 날들을 생각할지로다 다가올 일은 다 헛되도다

❧　　　　　농부가 파종해야 할 때에 풍세나 살피면서 '아 오늘은 비가 내릴 것 같으니 씨를 뿌리지 말자' 하며 차일피일 씨 뿌리기를 미루면 농사를 시작할 수 없습니다. 또한, 추수 때에 구름을 보면서 비가 내릴까 염려하여 추수를 미루면 곧 서리가 내려 일 년 농사를 망치고 맙니다(4절). 하나님의 백성은 시기를 바르게 분별하는 지혜로 환경과 상황에 흔들리지 말고 그때그때 해야 할 일을 성

실히 감당해야 합니다. 그러면 하나님을 의지하며 성실히 살아가려면 어떻게 해야 할까요?

첫째, 나를 위해 역사하시는 하나님을 신뢰해야 합니다(5절). 하나님의 역사는 우리 눈에 보이지 않아도 은밀히 진행되고 있습니다. 마치 바람이 지나가는 길을 볼 수 없지만 바람이 존재하고, 엄마의 태중에서 아기가 자라나는 것이 보이지 않아도 출산 때에 예쁜 아기를 만나게 되는 것처럼, 하나님은 은밀하게 우리를 위해 역사하시고 최선의 결과를 주십니다.

둘째, 무엇에든 긍정적인 자세로 살아야 합니다(6절). 이것이 안될지 저것이 안될지 생각하는 사람은 둘 다 안되거나 어느 것 하나는 반드시 안 됩니다. 그러나 이것이 잘될지 저것이 잘될지 생각하는 사람은 둘 다 잘되거나 어느 것 하나가 잘되지, 안되는 일은 없습니다. 그리스도인은 막연한 긍정이 아니라 하나님께서 주시는 소망 안에서 긍정함으로 모든 것이 잘 됩니다.

셋째, 주어진 일에 최선을 다해야 합니다(7절). 해 아래 살면서 사람이 누릴 수 있는 가장 큰 즐거움은 노동의 즐거움입니다. 하나님은 우리에게 주신 삶의 현장에 은혜를 베푸시고 복을 주시지 뿌리지 않은 곳에서 거두게 하시지는 않으십니다. 지금 나에게 주어진 상황에서 최선을 다하고 하나님을 의지하며 나아갈 때에 우리의 수고와 노력이 헛되지 않도록 역사해 주십니다.

나에게 허락하신 삶의 현장에서 긍정적인 마음, 긍정적인 생각으로 하나님만 의지하고 성실하게 살아감으로 은밀하게 역사하시는 하나님을 체험하며 나아가는 성도가 되기를 바랍니다.

나의 적용 • • •

청년의 때를
살아가는 지혜

전도서 11장 9~10절

9 청년이여 네 어린 때를 즐거워하며 네 청년의 날들을 마음에 기뻐하여 마음에 원하는 길들과 네 눈이 보는 대로 행하라 그러나 하나님이 이 모든 일로 말미암아 너를 심판하실 줄 알라
10 그런즉 근심이 네 마음에서 떠나게 하며 악이 네 몸에서 물러가게 하라 어릴 때와 검은 머리의 시절이 다 헛되니라

청년 시절은 인생에서 무한한 가능성이 열려 있는 시기입니다. 젊을 때는 미래에 대한 꿈을 꿀 수 있고, 실패에 대한 두려움 없이 여러 가지 일에 도전해 볼 수도 있습니다. 바른 목표를 정하고 노력하기만 한다면 앞으로 큰 성공을 기대해 볼 수 있는 가장 중요한 시기라고 할 수 있습니다. 이 중요한 시기를 헛되게 보내서는 안 됩니다. 그러면 청년의 때를 보람되게 살아가는 주의 청년들의 삶은 어떤 모습일까요?

첫째, 하나님을 경외하는 믿음으로 살아갑니다(9절). 청년 시절의 가장 큰 특징은 두려움이 없고, 자기 마음에 하

고 싶은 일이 있으면 주저 없이 행동으로 옮긴다는 것입니다. 그래서 마음이 잘못되어 있으면 죄의 길로 가기 가장 쉬운 시기입니다. 그러나 주의 청년들은 하고 싶은 일이라고 무조건 하지 않습니다. 하나님께서 내 삶을 감찰하고 계심을 알고 하나님께서 기뻐하시는 일을 행하려고 힘쓰기 때문입니다.

둘째, 근심하지 않습니다(10a절). 사람이 근심하는 이유는 자신의 무능함을 알았기 때문입니다. 바라는 것은 많지만 그것을 이룰 능력이 없을 때에 근심합니다. 주의 청년들에게는 하나님을 향한 꺾이지 않는 열정이 있습니다. 하나님을 의지함으로 현실의 장애물들을 두려워하지 않습니다. 그래서 하나님께서 주시는 능력으로 주어진 현실에 담대히 도전합니다. 믿음 없는 자는 근심하지만, 하나님을 의지하는 자는 언제나 담대합니다.

셋째, 악을 멀리하며 살아갑니다(10b절). 청년의 때에 정욕의 지배를 받게 되는 것은 당연합니다. 신체적, 심리적으로 계속해서 성장하기 때문에 유혹도 많고, 마음을 지키기가 어려운 시기입니다. 그러나 주의 청년들은 악이 자기 몸에 배지 않도록 경건의 훈련에 힘쓸니다. 그래서 청년의 때에 더욱 주의 일에 힘쓰는 자가 됩니다. 젊은 시절 형성된 경건의 습관은 평생을 믿음으로 살아가는 훌륭한 자산이 됩니다.

자녀들의 젊은 시절을 믿음의 길로 바르게 지도하여 장차 시대를 구원하는 하나님 나라 일꾼으로 쓰임 받도록 양육하는 성도가 되기를 바랍니다.

나의 적용 • • •

12장

창조주 하나님을
기억하라!

전도서 12장 1-8절

1 너는 청년의 때에 너의 창조주를 기억하라 곧 곤고한 날이 이르기 전에, 나는 아무 낙이 없다고 할 해들이 가깝기 전에

2 해와 빛과 달과 별들이 어둡기 전에, 비 뒤에 구름이 다시 일어나기 전에 그리하라

3 그런 날에는 집을 지키는 자들이 떨 것이며 힘 있는 자들이 구부러질 것이며 맷돌질 하는 자들이 적으므로 그칠 것이며 창들로 내다보는 자가 어두워질 것이며

4 길거리 문들이 닫혀질 것이며 맷돌 소리가 적어질 것이며 새의 소리로 말미암아 일어날 것이며 음악하는 여자들은 다 쇠하여질 것이며

5 또한 그런 자들은 높은 곳을 두려워할 것이며 길에서는 놀랄 것이며 살구나무가 꽃이 필 것이며 메뚜기도 짐이 될 것이며 정욕이 그치리니 이는 사람이 자기의 영원한 집으로 돌아가고 조문객들이 거리로 왕래하게 됨이니라

6 은 줄이 풀리고 금 그릇이 깨지고 항아리가 샘 곁에서 깨지고 바퀴가 우물 위에서 깨지고

7 흙은 여전히 땅으로 돌아가고 영은 그것을 주신 하나님께로 돌아가기 전에 기억하라

8 전도자가 이르되 헛되고 헛되도다 모든 것이 헛되도다

사람은 누구나 인생의 마지막 때를 잘 준비해야 합니다. 시간이 덧없이 빠르게 지나가기 때문에

젊은 시절, 인생의 미래를 준비하는 시기를 잘못 보내면 평생을 불행하게 살 수밖에 없습니다. 그래서 청년의 때에 창조주 하나님을 기억하며 살아가는 것은 매우 중요합니다. 그러면 창조주 하나님을 기억하는 삶의 유익은 무엇일까요?

첫째, 인생의 참된 목적을 알게 됩니다(1절). 장인이 물건을 만들 때에 목적과 용도에 맞게 만드는 것처럼, 하나님께서도 사람을 창조하실 때에 분명한 목적을 가지고 창조하셨습니다. 하나님을 떠난 사람은 인생의 참된 목적을 알 수 없기 때문에 허무한 삶을 살 수밖에 없지만 범사에 창조주 하나님을 기억하는 사람은 하나님께서 주시는 비전으로 행복한 삶을 살게 됩니다.

둘째, 평생에 하나님께서 평강을 주십니다(2~5절). 하나님을 떠나 살아가는 사람은 빈부귀천을 막론하고 허무한 인생이라는 결론에 이릅니다. 노년이 되어 건강을 잃으면 부와 명예와 권력도 인생에 아무런 도움이 되지 않습니다. 그러나 임마누엘 하시는 하나님을 기억하며 살아가면 평생의 삶에 세상이 줄 수 없는 참된 평강을 주심으로 노년에도 큰 위로를 얻습니다.

셋째, 영생을 얻게 됩니다(7절). 인생은 죽음으로 끝나는 것이 아닙니다. 사람은 영생하도록 창조된 존재인데, 예수 그리스도를 믿은 사람은 죽음 이후에 천국에서 행복하게 영생하고, 믿지 않은 사람은 지옥에서 고통 가운데 영생하게 됩니다. 죽으면 몸은 흙으로 돌아가지만, 영혼은 인생에서 얻은 믿음과 행위의 열매를 따라 천국과 지옥이라는 다른 목적지를 향해 가게 됩니다.

임마누엘 하시는 하나님을 기억함으로 범사에 하늘의 위로와 평강을 누리며 가치 있는 인생을 살아가는 성도가 되기를 바랍니다.

나의 적용 • • •

말씀을 묵상함이
세상을 이기는 지혜가 됩니다

전도서 12장 9-12절

9 전도자는 지혜자이어서 여전히 백성에게 지식을 가르쳤고 또 깊이 생각하고 연구하여 잠언을 많이 지었으며
10 전도자는 힘써 아름다운 말들을 구하였나니 진리의 말씀들을 정직하게 기록하였느니라
11 지혜자들의 말씀들은 찌르는 채찍들 같고 회중의 스승들의 말씀들은 잘 박힌 못 같으니 다 한 목자가 주신 바이니라
12 내 아들아 또 이것들로부터 경계를 받으라 많은 책들을 짓는 것은 끝이 없고 많이 공부하는 것은 몸을 피곤하게 하느니라

인간의 지식에는 한계가 있어서 아무리 똑똑한 사람이라 하더라도 사람이 생각할 수 있는 것 이상을 생각할 수 없습니다. 그러나 성경은 사람의 손을 통해 기록되었지만, 그 말씀을 주신 분은 한 목자이신 하나님이시기에 하나님의 생각과 지혜가 담겨 있습니다. 이 지혜를 소유하면 세상의 지혜를 넘어서는 탁월한 사람이 됩니다. 그러면 하나님의 지혜를 소유하려면 어떻게 해야 할까요?

첫째, 묵상하는 삶을 생활화해야 합니다(9절). 묵상하는 삶에서 가장 중요한 것은 말씀 묵상과 기도입니다. 말씀이 인생의 나아갈 목표와 방향을 정해 준다면, 기도는 그 목표를 이루어 가는 추진력이 됩니다. 말씀을 깊이 묵상할수록 하나님의 마음을 더 알게 되고, 하나님의 마음에 합한 기도는 인생을 변화시키는 강력한 능력이 됩니다.

둘째, 말씀 앞에 겸손히 순종해야 합니다(11절). 말씀은 단지 읽고 묵상하기 위한 것이 아닙니다. 실천하는 삶이 중요합니다. 하나님의 말씀은 찌르는 채찍 같아서 우리의 양심을 건드리고, 마음을 불편하게 할 수 있습니다. 그러나 말씀을 겸손하게 수용하고 실천하면 잘 박힌 못이 사물을 지지하는 강한 힘을 주는 것처럼 세상의 풍파에 흔들리지 않는 든든한 믿음으로 승리하는 사람이 됩니다.

셋째, 삶의 우선순위를 말씀에 두어야 합니다(12절). 세상의 지혜, 교훈, 처세술은 잠깐의 유익을 줄 수 있지만, 인생을 지켜 주지 못합니다. 그러나 말씀을 삶의 최우선으로 여기고 거기에서 경계와 지혜를 얻는 사람의 인생은 하나님께서 반드시 책임져 주십니다. 하나님은 자신의 명예를 위해서 말씀대로 사는 자녀를 의의 길로 인도하시는 분이시기 때문입니다.

말씀 묵상을 생활화하고 날마다 하나님의 음성에 귀 기울여 나아가시기 바랍니다. 그래서 세상을 이기는 지혜를 소유하고 의의 길로 인도하심을 받는 성도가 되기를 바랍니다.

나의 적용 • • •

사람에게는 마땅히 행해야 할 본분이 있습니다

전도서 12장 13-14절

13 일의 결국을 다 들었으니 하나님을 경외하고 그의 명령들을 지킬지어다 이것이 모든 사람의 본분이니라
14 하나님은 모든 행위와 모든 은밀한 일을 선악 간에 심판하시리라

❧　　　　　세상 모든 만물은 존재의 목적을 가지고 있습니다. 공기는 생물의 호흡을 위해 존재하고, 물은 만물의 생명을 위해 존재합니다. 세상 모든 만물은 존재의 목적에 맞게 작용하고 움직이지만, 사람만이 자신의 존재 목적을 모르고 마음대로 살아갑니다. 사람이 인생에서 참된 행복을 누리려면 자신의 존재 목적을 바로 알고 본분에 맞게 살아가야 합니다. 그러면 마땅히 행해야 할 사람의 본분은 무엇일까요?

첫째, 하나님을 경외하는 삶입니다(13a절). '경외'라는 말의 뜻은 사랑의 감정과 두려움의 감정이 결합된 상태를 의미합니다. 훌륭한 인격과 실력을 갖춘 엄한 스승의 가르침을 받는 제자들은 그를 존경하고 사랑하면서도 가까

이 다가가기를 두려워합니다. 하나님을 경외하는 사람은 하나님을 진실로 사랑하면서도 자기 죄로 인해 하나님께 로부터 멀어지지는 않을까 항상 조심하며 살아갑니다. 이런 사람은 인생에서 결코 죄의 길에 빠지지 않습니다.

둘째, 하나님의 명령을 지켜 나가는 삶입니다(13b절). 하나님의 백성은 단순하게 살아야 합니다. 복잡하게 자기 생각으로 살려 하지 말고 하나님의 명령을 지켜 나가야 합니다. 하나님께서 하라 말씀하신 것은 행하고, 하지 말라 하신 것은 금하면 인생에서 복을 누립니다. 자기 생각을 버리고 말씀에 순종하며 단순하게 살아가는 것이 인간이 행할 마땅한 본분입니다.

셋째, 최후 심판을 준비하는 삶입니다(14절). 인생을 살아가면서 사람이 범죄하는 이유는 하나님은 노하기를 더디 하시고 사랑이 많으신 분이셔서 급하게 심판하지 않으시기 때문입니다. 그러나 하나님은 사람의 모든 행위와 은밀한 일을 선악 간에 심판하시는 분이십니다. 그래서 사람은 최후 심판대 앞에서 자신의 의로움을 주장할 근거를 마련해야 합니다. 그 근거는 오직 예수 그리스도의 보혈의 공로를 믿는 것뿐입니다.

오직 하나님을 경외하고 그 명령을 행하는 것이 인간의

참된 본분입니다. 인생을 살아가면서 이 본분을 다함으로 인생의 허무함에서 벗어나 진리의 말씀 안에서 참된 행복을 누리는 성도가 되기를 바랍니다.

나의 적용 • • •